Inhaltsverzeichnis

Seite 77-86
Kapitel 10: Motivation und Durchhaltevermögen
Wie du dich langfristig motivierst
Erfolgsgeschichten und Inspiration aus der Praxis
Der Glaube an deine Vision

Seite 87
Das Ende: Dein nächster Schritt
Zusammenfassung der wichtigsten Erkenntnisse
Wie du jetzt ins Handeln kommst
Dein langfristiger Plan für ein erfolgreiches Online Business

Jan Böhn

Der Traum vom eigenen Online-Business

Stell dir vor, du könntest deine Leidenschaft in ein Einkommen verwandeln. Keine langen Pendelzeiten, keine strengen Chefs, keine starre Routine. Du entscheidest, wann, wo und wie du arbeitest. Klingt traumhaft, oder? Doch für viele Menschen bleibt es genau das: ein Traum.
Das Problem ist nicht, dass es an Ideen mangelt – du hast vielleicht schon mehr als genug. Es ist die Flut an Informationen, die dich überwältigt. Überall versprechen dir Coaches, Videos und Artikel den schnellen Weg zu Reichtum. Doch oft findest du nur allgemeine Tipps, die dir wenig helfen. Vielleicht hast du Stunden mit Recherchen verbracht und fühlst dich trotzdem, als wärst du keinen Schritt weiter.
Dieses Buch soll anders sein. Es ist eine klare, ehrliche und umsetzbare Anleitung für jeden, der ernsthaft daran interessiert ist, ein profitables Online Business zu starten. Wir fangen bei null an, gehen Schritt für Schritt vor und lösen die größten Probleme, die dir begegnen werden. Lass uns loslegen – deine Zukunft wartet.

Inhaltsverzeichnis

Seite 5
Einleitung: Der Traum vom eigenen Online-Business
Warum immer mehr Menschen online Geld verdienen wollen
Die Herausforderungen des Einstiegs
Wie dieses Buch dir helfen wird

Seite 6-10
Kapitel 1: Die richtige Grundlage schaffen
Warum ein starkes Fundament entscheidend ist
Persönliche Stärken und Interessen analysieren
Die Wahl des richtigen Geschäftsmodells

Seite 11-15
Kapitel 2: Marktanalyse und Zielgruppenverständnis
Wie du deine Nische findest
Bedürfnisse und Probleme deiner Zielgruppe verstehen
Die Konkurrenzanalyse effektiv nutzen

Seite 16-23
Kapitel 3: Dein Angebot erstellen
Produkte und Dienstleistungen entwickeln, die einen Mehrwert bieten
Preisgestaltung: Wie du deinen Wert richtig bestimmst
Erste Schritte zur Erstellung eines MVPs (Minimum Viable Product)

Seite 24-32
Kapitel 4: Dein Online-Auftritt – Die Basis für deinen Erfolg
Die perfekte Website für dein Business erstellen
Tools und Plattformen für Einsteiger
Branding: So schaffst du eine starke Marke

Jan Böhn

Inhaltsverzeichnis

Seite 33-41
Kapitel 5: Kunden gewinnen mit den richtigen Strategien
Erste Kunden durch organisches Marketing erreichen
Social Media als Wachstumsmotor
Der Einsatz von Content-Marketing für nachhaltige Sichtbarkeit

Seite 42-49
Kapitel 6: Automatisierung und Effizienzsteigerung
Warum Automatisierung dein Business retten kann
Tools und Techniken für eine stressfreie Verwaltung
Automatisierte Prozesse im Alltag integrieren

Seite 50-60
Kapitel 7: Skalierung: Dein Business auf das nächste Level bringen
Wann und wie du skalieren solltest
Outsourcing: Aufgaben abgeben und professionell bleiben
Wachstum ohne Qualitätsverlust

Seite 61-68
Kapitel 8: Häufige Fehler vermeiden und aus Rückschlägen lernen
Die häufigsten Stolperfallen im Online-Business
Wie du aus Misserfolgen gestärkt hervorgehst
Die Kunst, flexibel und anpassungsfähig zu bleiben

Seite 69-76
Kapitel 9: Nachhaltigkeit und langfristiger Erfolg
Strategien für ein nachhaltiges Geschäftsmodell
Warum Kundenbindung wichtiger ist als Neukundengewinnung

Kapitel 1:
Deine Leidenschaft entdecken

Ein Traum, den viele haben, aber nur wenige umsetzen Stell dir vor, du würdest morgens aufwachen und dich auf deinen Tag freuen, weil du weißt, dass du an etwas arbeitest, das dir wirklich Freude macht. Kein Chef, der dich kontrolliert. Keine langweiligen Meetings, die dich auslaugen. Stattdessen arbeitest du an einem Projekt, das du liebst und das dich erfüllt.

Dieser Traum vom selbstbestimmten Arbeiten ist heutzutage so präsent wie nie zuvor. Überall siehst du Menschen, die behaupten, mit ihrer Leidenschaft erfolgreich zu sein – YouTuber, Blogger, Online-Coaches. Vielleicht hast du dich gefragt: Wie machen die das? Und warum klappt das bei mir nicht?

Das Problem liegt oft nicht darin, dass du keine Leidenschaft hast. Es liegt darin, dass du sie entweder noch nicht klar erkannt hast oder nicht weißt, wie du sie nutzen kannst. Hinzu kommt die Überforderung durch unzählige Videos, Blogs und Ratgeber, die viel versprechen, aber kaum konkrete Schritte zeigen. Vielleicht hast du sogar schon Stunden mit Recherchen verbracht und fühlst dich dennoch wie am Anfang.

Doch was, wenn ich dir sage, dass der Weg zu deinem eigenen Online-Business gar nicht so kompliziert sein muss? Dass du deine Leidenschaft finden und in eine Geschäftsidee verwandeln kannst – Schritt für Schritt.

1. Was ist Leidenschaft wirklich?

„Mach deine Leidenschaft zum Beruf!" – Das klingt wie ein Klischee, aber es steckt viel Wahrheit darin. Leidenschaft ist das, was uns antreibt, was uns Energie gibt, statt sie zu rauben. Es ist das, was uns begeistert, selbst wenn es anstrengend ist. Doch Leidenschaft bedeutet nicht immer, dass du den ganzen Tag glücklich bist. Sie kann auch aus Herausforderungen und Wachstum entstehen.

Viele Menschen glauben, sie hätten keine besondere Leidenschaft. Doch in Wirklichkeit haben wir alle Dinge, die uns begeistern. Manchmal haben wir sie nur vergessen oder verdrängt, weil wir uns zu sehr auf den Alltag konzentriert haben.

Die häufigsten Blockaden bei der Suche nach der Leidenschaft

„Ich bin nicht gut genug." Viele denken, dass ihre Talente nicht ausreichen, um ein Business zu starten. Doch Expertise entsteht oft erst mit der Praxis.

„Ich habe zu viele Interessen." Das Problem hier ist nicht das Fehlen von Leidenschaft, sondern das Fehlen von Fokus.

„Ich weiß nicht, was ich will." Oft haben wir unsere Interessen so lange ignoriert, dass wir den Zugang dazu verloren haben.

2. Deine Leidenschaft wiederentdecken

Jetzt ist es Zeit, deine Leidenschaft zu finden – oder sie neu zu entdecken. Keine Sorge, das muss kein komplizierter Prozess sein. Du brauchst keine teuren Kurse oder stundenlange Meditationen. Alles, was du brauchst, ist ein bisschen Ehrlichkeit dir selbst gegenüber.

Übung 1: Dein innerer Kompass

Nimm dir ein Blatt Papier und beantworte diese Fragen:
Was mache ich in meiner Freizeit am liebsten?
Für welche Themen habe ich schon einmal freiwillig Geld oder Zeit investiert?
Was würde ich tun, wenn ich für Geld nicht arbeiten müsste?
Vielleicht kommt dir dabei etwas in den Sinn, das dir selbstverständlich erscheint. Genau das ist ein Hinweis! Oft übersehen wir unsere Stärken, weil sie uns leichtfallen.

Übung 2: Der Blick von außen

Manchmal sehen andere unsere Talente klarer als wir selbst. Frage Freunde oder Kollegen:
„Wofür bewunderst du mich?"
„Womit komme ich deiner Meinung nach besonders gut klar?"
Du wirst überrascht sein, welche Antworten du erhältst.

Übung 3: Der Kindheitstraum

Erinnerst du dich, wovon du als Kind geträumt hast? Oft geben uns diese frühen Interessen Hinweise auf das, was uns wirklich erfüllt. Schreib auf, was dir einfällt, und frage dich, ob es einen modernen Weg gibt, diesen Traum zu verwirklichen.

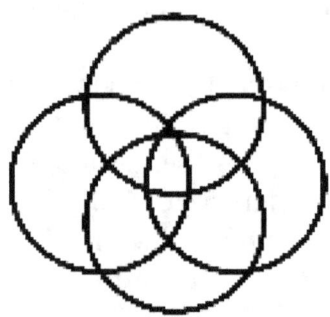

3. Von Leidenschaft zur Geschäftsidee

Jetzt, da du ein klareres Bild von deinen Interessen hast, fragst du dich vielleicht: Wie mache ich daraus ein Geschäft? Die Antwort ist: Finde die Schnittmenge zwischen dem, was du liebst, und dem, was andere Menschen brauchen.

Das Ikigai-Prinzip

Das japanische Konzept des Ikigai hilft dir, genau das zu finden. Zeichne vier Kreise auf ein Blatt Papier:
Was liebst du?
Worin bist du gut?
Was braucht die Welt?
Wofür kannst du bezahlt werden?
Die Überschneidung dieser Kreise ist dein Ikigai – und ein starker Ausgangspunkt für eine Geschäftsidee.

Beispiele für erfolgreiche Nischen

Ein Hobbyfotograf startet einen Online-Kurs für Anfänger.

Eine Mutter entwickelt eine Checkliste für stressfreies Reisen mit Kindern.

Ein Fitness-Enthusiast erstellt personalisierte Trainingspläne.

4. Marktforschung leicht gemacht

Deine Idee mag großartig sein, aber der Markt entscheidet, ob sie erfolgreich wird. Deshalb ist Marktforschung entscheidend. Keine Sorge – du musst keine komplizierten Studien durchführen. Es reicht, die richtigen Fragen zu stellen:

Wer ist meine Zielgruppe? (Alter, Geschlecht, Interessen)
Welche Probleme hat diese Zielgruppe?
Wie kann ich diese Probleme lösen?

So findest du Antworten:

Google Trends: Sieh dir an, wonach Menschen suchen.
Soziale Medien: Welche Fragen stellen Nutzer in Gruppen oder Kommentaren?
Amazon: Lies die Rezensionen ähnlicher Produkte, um zu verstehen, was Kunden mögen und was nicht.

Ein praktisches Beispiel

Stell dir vor, du liebst Backen und möchtest einen Kurs für Anfänger anbieten. Du recherchierst in Facebook-Gruppen und stellst fest, dass viele Menschen Schwierigkeiten mit Sauerteig haben. Voilà – deine Geschäftsidee könnte ein „Sauerteig für Anfänger"-E-Book oder ein Kurs sein.

5. Warum jetzt der beste Zeitpunkt ist

Vielleicht fühlst du dich unsicher. Vielleicht denkst du, dass es schon zu viele andere gibt, die Ähnliches tun. Doch die Wahrheit ist: Es gibt nie den perfekten Moment, um zu starten. Es gibt nur das Jetzt.
Jeder erfolgreiche Unternehmer hat einmal gezögert. Der Unterschied ist, dass sie den Mut hatten, loszulegen. Dein Weg beginnt nicht mit Perfektion – er beginnt mit einem kleinen, mutigen Schritt.

Kapitel 2:
Deine Idee testen

Der große Fehler, den viele machen
Du hast jetzt eine Idee, die dich begeistert. Du siehst vor deinem inneren Auge, wie du anderen Menschen hilfst, ihre Probleme löst oder ihren Alltag bereicherst. Doch hier passiert etwas, das viele angehende Unternehmer ausbremst: Sie wollen ihre Idee perfektionieren, bevor sie damit an die Öffentlichkeit gehen. Wochen und Monate verbringen sie damit, Details auszuarbeiten, Designs zu erstellen und sich Gedanken über jede Kleinigkeit zu machen.

Das Ergebnis? Sie starten nie richtig, oder sie merken viel zu spät, dass ihre Idee am Markt vorbeigeht. Das ist nicht nur frustrierend, sondern kann auch teuer werden – an Zeit und Geld.

Der Schlüssel zum Erfolg liegt darin, deine Idee zu testen, bevor du sie voll ausarbeitest. Es geht darum, schnell Feedback zu bekommen und herauszufinden, ob du auf dem richtigen Weg bist. Ein Test schützt dich vor teuren Fehlern und zeigt dir, ob deine Idee tatsächlich das Potenzial hat, ein profitables Business zu werden.

Warum testen so wichtig ist

Stell dir vor, du bist Architekt. Du würdest niemals ein ganzes Gebäude bauen, ohne vorher einen kleinen Prototyp oder zumindest einen Plan zu erstellen. Genauso verhält es sich mit deiner Geschäftsidee. Testen hilft dir, die Schwachstellen deiner Idee zu finden und sie so zu verbessern, dass sie tatsächlich funktioniert. Ein Test gibt dir außerdem Selbstvertrauen. Wenn du siehst, dass Menschen Interesse an deinem Angebot haben, wirst du motivierter sein, weiterzumachen. Und wenn der Test zeigt, dass es noch Verbesserungen braucht, hast du die Chance, diese anzupassen, bevor du zu viel Zeit oder Geld investierst.

Vom Start zum Erfolg Dein Online-Business

Was genau solltest du testen?

Bevor wir darüber sprechen, wie du testest, lass uns klären, was du eigentlich herausfinden möchtest:

Gibt es eine Zielgruppe?

Finde heraus, ob Menschen überhaupt Interesse an deiner Idee haben. Gibt es genügend potenzielle Kunden, die bereit wären, für dein Produkt oder deine Dienstleistung zu zahlen?

Welches Problem löst du?

Manchmal glauben wir, ein Problem erkannt zu haben, aber die Zielgruppe sieht das anders. Stelle sicher, dass du das tatsächliche Bedürfnis deiner Kunden ansprichst.

Wie viel sind Menschen bereit zu zahlen?

Die Preisgestaltung ist oft ein Knackpunkt. Ein Test kann dir helfen, den richtigen Preisbereich zu finden.

So führst du einen erfolgreichen Test durch

Ein Test muss nicht kompliziert oder teuer sein. Im Gegenteil: Der beste Test ist oft simpel und schnell umsetzbar. Hier sind die Schritte, die du befolgen kannst:

1. Erstelle ein MVP (Minimum Viable Product)
Ein MVP ist die einfachste Version deines Produkts oder deiner Dienstleistung, die dennoch den Kern deines Angebots zeigt. Es geht nicht darum, perfekt zu sein – es geht darum, genug zu bieten, damit potenzielle Kunden den Wert erkennen können.

Beispiele für ein MVP:

E-Book: Statt ein komplettes Buch zu schreiben, erstelle ein kurzes PDF mit den wichtigsten Informationen.

Online-Kurs: Starte mit einem einstündigen Webinar oder einer kleinen Videoserie.

Beratung: Biete einen kostenlosen oder kostengünstigen Testlauf deiner Dienstleistung an.

Ein MVP gibt dir die Möglichkeit, schnell und ohne große Investitionen Feedback zu erhalten.

2. Wähle den richtigen Kanal

Überlege, wo sich deine Zielgruppe aufhält und wie du sie erreichen kannst. Du kannst deine Idee auf verschiedenen Plattformen testen:

Soziale Medien: Poste in Facebook-Gruppen, auf LinkedIn oder Instagram über dein Angebot und beobachte die Reaktionen.

Crowdfunding-Plattformen: Plattformen wie Kickstarter oder Indiegogo sind großartig, um zu sehen, ob Menschen bereit sind, in deine Idee zu investieren.

Eigene Website: Eine einfache Landingpage mit einer Beschreibung deines Produkts und einer Möglichkeit zur Anmeldung oder Vorbestellung reicht oft aus.

4. Behalte deine Kosten niedrig

Ein Test soll dir zeigen, ob deine Idee funktioniert – er muss dich nicht viel kosten. Nutze kostenlose Tools und Plattformen, um deine Idee zu präsentieren.

Hier sind einige Vorschläge:

Canva: Für die Gestaltung von Grafiken oder Präsentationen.

Google Forms: Für Umfragen und Feedback.

Mailchimp: Zum Aufbau einer E-Mail-Liste.

Praktisches Beispiel:

Der Test einer Backidee
Angenommen, du möchtest einen Kurs für Anfänger anbieten, die das Backen lernen wollen. Du bist unsicher, ob die Zielgruppe groß genug ist und ob deine Idee gut ankommt. Hier ist ein einfacher Test:

Erstelle ein MVP: Eine kurze Anleitung mit den „Top 5 Fehlern, die Anfänger beim Backen machen", als PDF. Teile es online: Poste in Facebook-Gruppen oder auf Instagram und biete das PDF kostenlos gegen eine E-Mail-Adresse an.

Beobachte die Reaktionen: Wie viele Menschen laden sich das PDF herunter? Kommentieren sie? Fragen sie nach weiteren Tipps?

Sammle Feedback: Schreibe denjenigen, die das PDF heruntergeladen haben, und frage sie, ob sie Interesse an einem Kurs hätten.

Der erste Verkauf: Ein magischer Moment

Stell dir vor, du erhältst eine Nachricht: „Ich habe dein PDF gelesen und würde gerne mehr lernen. Wann startet dein Kurs?" Dieser Moment, in dem jemand Interesse zeigt oder sogar bereit ist, zu zahlen, ist magisch. Es zeigt dir, dass du auf dem richtigen Weg bist.

Doch was, wenn niemand reagiert? Das ist keine Katastrophe. Es ist eine Chance, deine Idee anzupassen. Vielleicht musst du dein Angebot klarer kommunizieren. Vielleicht musst du deine Zielgruppe besser definieren. Wichtig ist, dass du dranbleibst.

Teste, bevor du baust

Denke immer daran: Ein Test ist keine Niederlage, sondern ein Lernprozess. Er schützt dich davor, Zeit und Energie in etwas zu investieren, das nicht funktioniert, und gibt dir die Sicherheit, mit einer Idee weiterzumachen, die tatsächlich Potenzial hat.

Egal, ob dein erster Test erfolgreich ist oder nicht – du bist einen Schritt weitergekommen. Und das ist alles, was zählt.

Kapitel 3:
Dein Angebot erstellen

Vom Konzept zur konkreten Lösung
Du hast deine Leidenschaft entdeckt und deine Idee getestet. Jetzt ist der Zeitpunkt gekommen, an dem du dein Angebot erschaffen musst – ein Angebot, das nicht nur gut klingt, sondern auch wirklich funktioniert und den Menschen einen echten Mehrwert bietet. Doch bevor du in die Details gehst, gibt es eine entscheidende Frage:

Was genau ist dein Angebot?

Oft ist es verlockend, viele Dinge anzubieten – eine breite Palette von Produkten oder Dienstleistungen. Aber eines der größten Geheimnisse für Erfolg ist, sich zu fokussieren. Du musst ein Angebot schaffen, das klar und deutlich zeigt, welche Probleme du löst und welchen Nutzen dein Kunde daraus zieht. In diesem Kapitel geht es darum, dein Angebot zu formulieren, zu gestalten und so zu positionieren, dass es deine Zielgruppe wirklich anspricht.

1. Dein Angebot klar definieren

Ein Angebot ist nicht einfach nur ein Produkt oder eine Dienstleistung. Es ist eine Lösung für ein Problem. Je klarer du dieses Problem für deine Zielgruppe definierst, desto einfacher wird es, dein Angebot zu verkaufen.

Die Kunst der Problemlösung

Stell dir vor, du bist auf der Suche nach einem neuen Smartphone. Du suchst nicht nur ein Gerät, du suchst eine Lösung für deine Bedürfnisse: Vielleicht möchtest du bessere Fotos machen, schneller arbeiten oder mehr Speicherplatz haben. Dein Angebot muss eine ähnliche Lösung bieten – und zwar so präzise wie möglich.

Beispiel:

Du hast dich entschieden, einen Online-Kurs zum Thema „Sauerteig für Anfänger" zu erstellen. Dein Angebot ist nicht nur der Kurs selbst, sondern auch die Lösung für das Problem vieler Menschen: „Wie backe ich zu Hause leckeren Sauerteig, ohne zu scheitern?"

Warum du dein Angebot in kleine Pakete aufteilen solltest

Es ist verlockend, alles auf einmal anzubieten. Doch zu viele Optionen überfordern potenzielle Kunden. Stattdessen solltest du dein Angebot in überschaubare Teile aufteilen, die jeder für sich einen klaren Nutzen bieten. Du kannst zum Beispiel den Kurs in Module unterteilen oder ein kostenloses Produkt als Einstieg anbieten, das dann zu einem größeren Angebot führt.

2. Den Nutzen deines Angebots klar kommunizieren

Ein Fehler, den viele machen, ist es, sich zu sehr auf die technischen Details ihres Produkts zu konzentrieren, anstatt den Nutzen hervorzuheben. Deine Kunden wollen nicht wissen, wie komplex deine Software oder dein Kurs ist. Sie wollen wissen, was sie davon haben. Warum sollten sie sich für dein Angebot entscheiden? Welche Vorteile hat es für sie?
Die Vorteile müssen klar erkennbar sein, zum Beispiel:
„Du wirst in der Lage sein, leckeren Sauerteig zu backen – ganz ohne Frust."
„Du wirst endlich das Selbstvertrauen haben, zu Hause zu backen."
„Mit dem Wissen aus diesem Kurs kannst du deine eigenen Rezepte kreieren und deine Freunde beeindrucken."
Anstatt zu sagen: „Mein Kurs zeigt dir die Grundlagen des Sauerteigs", könntest du sagen: „In nur 4 Wochen wirst du nicht nur Sauerteig backen können, sondern auch das Gefühl haben, ein echter Profi in der Küche zu sein."

Nutze die „3 Schritte" Methode

Die „3 Schritte" Methode ist eine der einfachsten und wirkungsvollsten Techniken, um den Nutzen deines Angebots zu kommunizieren. Du erklärst in drei einfachen Schritten, wie dein Kunde durch dein Angebot das gewünschte Ergebnis erreicht.

3. Preisgestaltung: Wie du den Wert deines Angebots erkennst

Ein weiteres wichtiges Thema ist die Preisgestaltung. Viele Gründer machen den Fehler, ihren Preis zu niedrig anzusetzen, weil sie unsicher sind oder Angst haben, Kunden zu verlieren. Doch ein zu niedriger Preis kann den Wert deines Angebots in den Augen deiner Kunden mindern.

Preisgestaltung richtig angehen

Der Preis deines Angebots sollte den Wert widerspiegeln, den es für deine Kunden hat. Und der Wert ist nicht nur das, was du dafür aufwendest, sondern auch das, was deine Kunden durch dein Angebot erreichen können.

Denke daran, dass dein Preis auch einen psychologischen Effekt hat. Ein hoher Preis kann Vertrauen und Exklusivität schaffen, während ein niedriger Preis den Eindruck erwecken kann, dass das Angebot weniger wert ist.

Beispiel:

Dein Sauerteig Kurs könnte zunächst 50 Euro kosten. Doch im Laufe der Zeit könntest du diesen Preis auf 100 Euro erhöhen, weil du zusätzliche Inhalte hinzufügst, den Kurs verbessert hast und deine Zielgruppe bereit ist, mehr zu investieren, um das gewünschte Ergebnis zu erreichen.

Preismodelle und Optionen

Eine gängige Technik ist, verschiedene Preismodelle anzubieten:

Einmalzahlung: Der Kunde bezahlt für den gesamten Kurs auf einmal.

Abo-Modell: Der Kunde zahlt monatlich, um Zugang zu laufend neuen Inhalten zu erhalten.

Zahlung in Raten: Dein Kurs kostet 100 Euro, aber der Kunde kann in zwei oder drei Raten zahlen.
Wähle das Modell, das am besten zu deinem Angebot und deinen Kunden passt. Wenn du ein Abo-Modell anbietest, dann stell sicher, dass du regelmäßig neuen Inhalt hinzufügst, damit deine Kunden auch langfristig einen Nutzen davon haben.

4. Dein Angebot zum Leben erwecken

Es reicht nicht aus, nur ein gutes Angebot zu haben – du musst es auch überzeugend präsentieren. Deine Kunden müssen sofort verstehen, warum sie dein Produkt oder deine Dienstleistung brauchen.

Erstelle eine überzeugende Landingpage

Die Landingpage ist der Ort, an dem dein Angebot verkauft wird. Hier sind ein paar grundlegende Tipps, um eine erfolgreiche Landingpage zu erstellen:
Verwende eine klare und eingängige Headline, die den Nutzen deines Angebots auf den Punkt bringt.
Präsentiere die Vorteile deines Angebots klar und übersichtlich.
Nutze Kundenbewertungen oder Testimonials, um Vertrauen aufzubauen.
Füge eine einfache Handlungsaufforderung (Call to Action) hinzu, die den Besucher auffordert, zu kaufen oder sich anzumelden.

Beispiel:

„Lerne, wie du in nur 4 Wochen zu Hause deinen eigenen Sauerteig backst – ohne Frust und Misserfolge! Starte jetzt!"

Verpackung und Präsentation

Die Art und Weise, wie du dein Angebot präsentierst, ist ebenso wichtig wie das Angebot selbst. Achte darauf, dass das Design professionell wirkt, aber nicht überladen ist. Weniger ist oft mehr. Nutze klare, ansprechende Bilder und sorge dafür, dass deine Botschaft immer im Mittelpunkt steht.

5. Dein Angebot testen und weiterentwickeln

Du hast dein Angebot erstellt und jetzt auch den Preis festgelegt. Doch das ist noch nicht das Ende der Reise. Dein Angebot wird sich ständig weiterentwickeln, je mehr du von deinen Kunden lernst. Die ersten Rückmeldungen sind Gold wert, also sei offen dafür, dein Angebot anzupassen und zu verbessern.

Hole dir Feedback von deinen ersten Käufern

Nimm dir die Zeit, nach dem ersten Verkauf direktes Feedback von deinen Kunden zu bekommen. Was hat ihnen gefallen? Was war nicht so gut? Was hätten sie sich gewünscht?

Ein einfaches Umfragetool oder eine E-Mail genügt, um diese Informationen zu sammeln. Dein Ziel ist es, das Angebot kontinuierlich zu verbessern und es noch mehr auf die Bedürfnisse deiner Kunden abzustimmen.

Das Fazit:

Dein Angebot als Schlüssel zum Erfolg
Ein gutes Angebot ist der Kern deines Online Businesses. Es ist nicht nur das, was du verkaufst, sondern auch, was du tust, um das Leben deiner Kunden zu verbessern. Durch klare Kommunikation, die richtige Preisgestaltung und kontinuierliches Testen kannst du sicherstellen, dass dein Angebot nicht nur auf dem Papier funktioniert, sondern auch in der Praxis. Bleibe flexibel und offen für Veränderungen, aber vertraue darauf, dass du mit deinem Angebot die richtigen Lösungen für deine Zielgruppe bereithältst. Denn letztlich ist es genau das, was Kunden wollen: eine Lösung für ihr Problem, die ihren Bedürfnissen entspricht und einen echten Mehrwert liefert.

Kapitel 4:
Deine Zielgruppe verstehen

Warum es so wichtig ist, deine Zielgruppe zu kennen
Vielleicht hast du dich schon gefragt: „Warum ist es so entscheidend, genau zu wissen, wer meine Zielgruppe ist? Kann ich nicht einfach meine Produkte oder Dienstleistungen für alle anbieten?"

Die Antwort ist ganz einfach: Je besser du deine Zielgruppe verstehst, desto erfolgreicher wirst du sein. Es ist wie bei einer Reise: Wenn du nicht weißt, wohin du fährst, wirst du dich in vielen Sackgassen wiederfinden. Deine Zielgruppe ist der Kompass, der dir den richtigen Weg zeigt. Sie hilft dir zu verstehen, was deine potenziellen Kunden wirklich wollen, welche Probleme sie haben und wie du diese effektiv lösen kannst. Ohne dieses Wissen wirst du viel Energie aufwenden, aber es wird dir schwerfallen, die gewünschten Ergebnisse zu erzielen.

Die Gefahren des „Alles-für-Alle"-Ansatzes

Es klingt verlockend: „Ich werde einfach ein Produkt oder eine Dienstleistung erstellen, die jeder nutzen kann!" Doch der Versuch, allen gerecht zu werden, führt oft zu einem Durcheinander. Deine Botschaft wird vage und unklar, und du sprichst niemanden wirklich an. Stell dir vor, du versuchst, ein Restaurant zu eröffnen, das „für alle" kocht – eine Mischung aus Pizza, Sushi, Burgern und Salaten. Du wirst feststellen, dass du deine Zielgruppe nicht wirklich erreichst, weil du keine klare Identität hast. Stattdessen solltest du dich für eine Nische entscheiden, die du gezielt ansprichst. Vielleicht eröffnest du ein italienisches Restaurant oder ein Sushi-Restaurant, das sich an Liebhaber der japanischen Küche richtet. Auf diese Weise sprichst du Menschen an, die genau nach dem suchen, was du anzubieten hast.

Jan Böhn

Genauso verhält es sich in der Geschäftswelt: Wenn du deine Zielgruppe nicht klar definierst, wird es schwierig, ihre Aufmerksamkeit zu gewinnen und sie als zahlende Kunden zu gewinnen.

Wie du deine Zielgruppe genau definierst

Die Zielgruppe zu definieren ist keine „einmalige" Aufgabe, sondern ein kontinuierlicher Prozess. Deine Zielgruppe kann sich im Laufe der Zeit ändern, und du solltest immer wieder prüfen, ob du noch auf dem richtigen Weg bist. Aber zu Beginn ist es wichtig, ein genaues Bild davon zu haben, wer diese Menschen sind. Hier sind einige Schritte, die dir dabei helfen:

1. Demografische Merkmale

Beginne damit, die grundlegenden demografischen Merkmale deiner Zielgruppe zu analysieren. Wer sind diese Menschen? Was verbindet sie? Hierzu gehören:
Alter: Welche Altersgruppe spricht deine Idee am meisten an? Handelt es sich um junge Erwachsene, Familien oder ältere Menschen?

Geschlecht: Gibt es bestimmte Geschlechter, die eher an deinem Angebot interessiert sind, oder ist dein Produkt für alle Geschlechter gleich relevant?

Beruf: Welche Berufe haben deine potenziellen Kunden? Bieten sich bestimmte Berufsgruppen für dein Angebot an?
Einkommen: Welches Einkommen hat deine Zielgruppe? Welche Preisgestaltung passt zu ihrem Budget?

Geografische Lage: Wo lebt deine Zielgruppe? Ist es eine lokale oder eine globale Zielgruppe?

Jan Böhn

<u>Beispiel:</u>

Du möchtest einen Online-Kurs zum Thema „Sauerteig-Brotbacken" anbieten. Deine demografische Zielgruppe könnte aus Menschen bestehen, die zwischen 25 und 45 Jahre alt sind, ein mittleres Einkommen haben und sich zunehmend für gesundes Kochen interessieren.

2. Psychografische Merkmale

Neben den demografischen Merkmalen sind psychografische Merkmale von enormer Bedeutung. Diese betreffen die Werte, Überzeugungen und Interessen deiner Zielgruppe. Hier geht es darum, das „Warum" zu verstehen: Warum interessieren sich diese Menschen für dein Produkt oder deine Dienstleistung?

<u>Werte</u>: Welche Werte sind deiner Zielgruppe wichtig? Streben sie nach einem gesunden Lebensstil? Oder möchten sie einfach ihr Wissen erweitern?

<u>Interessen</u>: Was interessiert deine Zielgruppe? Möchten sie mehr über Ernährung, Fitness oder das Kochen lernen?

<u>Lifestyle</u>: Wie verbringen sie ihre Zeit? Welche Aktivitäten bevorzugen sie? Sind sie viel unterwegs oder verbringen sie viel Zeit zu Hause?

<u>Ein Beispiel:</u>

Wenn du einen Kurs über gesunde Ernährung anbietest, könnte deine Zielgruppe vor allem aus Menschen bestehen, die sich bewusst und nachhaltig ernähren wollen. Sie legen Wert auf Gesundheit und sind daran interessiert, ihr Wissen über Ernährung zu erweitern, um ihr Leben positiv zu verändern.

Jan Böhn

3. Probleme und Bedürfnisse der Zielgruppe

Die wichtigste Frage, die du dir stellen musst, lautet: „Welche Probleme hat meine Zielgruppe, die ich mit meinem Angebot lösen kann?"

Um das herauszufinden, ist es oft hilfreich, in die Schuhe deiner Kunden zu schlüpfen und ihre Herausforderungen zu verstehen.

Welche Frustrationen und Herausforderungen hat deine Zielgruppe?

Vielleicht möchten sie abnehmen, wissen aber nicht, wie sie anfangen sollen, oder sie haben Schwierigkeiten, neue Rezepte zu finden.

Welche Ziele streben sie an?

Wollen sie gesünder leben, Geld sparen oder ihre Fähigkeiten in einem bestimmten Bereich verbessern?

Beispiel:

Deine Zielgruppe für den Sauerteig Kurs könnten Menschen sein, die schon oft beim Brotbacken gescheitert sind und endlich ein echtes, leckeres Ergebnis erzielen wollen, ohne stundenlang in der Küche zu stehen. Sie wollen keine komplizierten Rezepte, sondern eine einfache, verständliche Anleitung.

Wo du deine Zielgruppe findest

Nun, da du eine Vorstellung von deiner Zielgruppe hast, fragst du dich vielleicht: „Wo finde ich sie?" Die Antwort hängt von verschiedenen Faktoren ab, aber es gibt einige gängige Kanäle, die du nutzen kannst, um mit deiner Zielgruppe in Kontakt zu treten.

1. Social Media

Social Media ist eine goldene Quelle, um deine Zielgruppe zu erreichen. Überlege dir, welche Plattformen deine Zielgruppe nutzt.

Instagram: Perfekt für visuell ansprechende Produkte wie Kunst, Mode oder Essen.

Facebook: Gut für Communities und Gruppen, die sich um bestimmte Interessen oder Themen ranken.

LinkedIn: Ideal, wenn du ein Business- oder Karriereorientiertes Produkt hast.

TikTok: Besonders beliebt bei einer jüngeren Zielgruppe und ideal, um kreative, schnelle Inhalte zu teilen.

2. Foren und Online-Communities

Stelle dir vor, du hast ein Produkt für Hobby-Bäcker. Wo könntest du diese Menschen finden? Eine naheliegende Antwort wäre ein Forum für Hobbybäcker oder eine Facebook-Gruppe, die sich mit dem Thema Backen beschäftigt.
In diesen Foren oder Gruppen kannst du direkt mit deiner Zielgruppe interagieren und sogar Feedback zu deiner Idee einholen. Dies ist eine großartige Möglichkeit, ein erstes Vertrauen aufzubauen und deine Zielgruppe besser kennenzulernen.

Jan Böhn

3. Influencer und Kooperationen

Wenn du bereits weißt, wer deine Zielgruppe ist, kannst du gezielt mit Influencern oder anderen Unternehmern zusammenarbeiten, die bereits eine ähnliche Zielgruppe haben. Dies kann dir helfen, deine Reichweite schnell zu vergrößern und deine Produkte oder Dienstleistungen einem größeren Publikum vorzustellen.

Warum das ständige Anpassen an deine Zielgruppe wichtig ist

Deine Zielgruppe ist nicht statisch. Ihre Bedürfnisse, Wünsche und Probleme können sich im Laufe der Zeit ändern, also bleibe flexibel und offen für neue Informationen. Vielleicht stellst du fest, dass sich deine Zielgruppe weiterentwickelt oder neue Trends und Bedürfnisse entstehen.
Wenn du kontinuierlich auf das Feedback deiner Zielgruppe hörst und deine Angebote anpasst, wirst du langfristig erfolgreich bleiben. Es ist wichtig, eine Beziehung zu deiner Zielgruppe aufzubauen – nicht nur, um zu verkaufen, sondern um ihnen echten Wert zu bieten.

Das Fazit:

Deine Zielgruppe ist der Schlüssel zum Erfolg
Die genaue Kenntnis deiner Zielgruppe ist der Grundpfeiler deines Geschäfts. Je besser du ihre Bedürfnisse, Wünsche und Probleme verstehst, desto gezielter kannst du deine Produkte und Dienstleistungen anpassen.
Deine Zielgruppe wird dir den Weg zu deinem Erfolg zeigen – aber nur, wenn du bereit bist, auf sie zu hören und ihre Bedürfnisse ernst zu nehmen.
Indem du deine Zielgruppe nicht nur demografisch, sondern auch psychografisch verstehst, kannst du sicherstellen, dass du ihnen die Lösung bietest, nach der sie suchen. Und genau das ist der Punkt, an dem du dein Angebot wirklich erfolgreich machen kannst.

Kapitel 5:
Deine Online-Präsenz aufbauen

Warum eine starke Online-Präsenz unverzichtbar ist
Wir leben in einer Welt, in der alles online passiert. Die Menschen kaufen, lernen, informieren sich und kommunizieren fast ausschließlich im Internet. Eine starke Online-Präsenz ist heute nicht nur ein „Nice-to-have", sondern ein absolutes Muss für jedes Online-Business. Ohne eine sichtbare und ansprechende Präsenz wirst du es schwer haben, dich von der Masse abzuheben und das Vertrauen deiner Zielgruppe zu gewinnen.

Aber was bedeutet es genau, eine starke Online-Präsenz zu haben? Und wie baust du diese auf?

In diesem Kapitel geht es darum, wie du dein Online-Business sichtbar machst, Vertrauen aufbaust und deine Zielgruppe ansprichst. Es geht nicht nur um eine Website oder Social Media – es geht um eine durchdachte Strategie, die deine Marke stärkt und deine Botschaft klar und überzeugend kommuniziert.

1. Die Grundlage: Deine Website

Die Website ist dein digitales Zuhause – der Ort, an dem alles zusammenkommt. Sie ist oft der erste Eindruck, den potenzielle Kunden von dir haben, und sie muss professionell und einladend wirken. Deine Website ist der Ort, an dem Menschen mehr über dich und dein Angebot erfahren. Sie sollte benutzerfreundlich und leicht navigierbar sein und gleichzeitig die Kernbotschaften deines Business klar vermitteln.

Worauf du bei der Erstellung deiner Website achten solltest:

Design:

Dein Website-Design sollte modern und übersichtlich sein. Achte darauf, dass es nicht zu überladen wirkt, sondern den Fokus auf die wesentlichen Informationen lenkt. Weniger ist mehr. Verwende klare Farben und Schriftarten, die gut lesbar sind, und stelle sicher, dass die Navigation intuitiv ist.

Mobile Optimierung:

Heute surfen die meisten Menschen mit ihren Smartphones im Internet. Deine Website muss also für mobile Endgeräte optimiert sein, sonst verlierst du viele potenzielle Kunden.

Über mich/uns-Seite:

Deine Besucher möchten wissen, wer hinter dem Business steckt. Eine authentische und sympathische „Über uns"-Seite hilft dabei, Vertrauen aufzubauen. Erzähle deine Geschichte, warum du tust, was du tust, und warum du der richtige Ansprechpartner für deine Zielgruppe bist.

Call-to-Action (CTA):

Jede Seite auf deiner Website sollte einen klaren Call-to-Action haben – eine Aufforderung, eine Handlung vorzunehmen. Sei es der Kauf eines Produkts, das Abonnieren deines Newsletters oder das Anmelden für einen kostenlosen Kurs.

SEO (Search Engine Optimization):

Damit deine Website von Google und anderen Suchmaschinen gefunden wird, ist es wichtig, grundlegende SEO-Praktiken anzuwenden. Das bedeutet, dass du relevante Schlüsselwörter verwendest, deine Seitenstruktur optimierst und regelmäßig neuen, wertvollen Inhalt veröffentlichst.

Beispiel:

Stell dir vor, du verkaufst einen Kurs zum Thema „Sauerteig-Brotbacken". Deine Website sollte gut strukturiert sein, eine überzeugende Landingpage für deinen Kurs haben und klare Informationen darüber bieten, was der Kurs beinhaltet und wie er den Besuchern hilft. Die Nutzer sollten schnell den Kurs buchen können und sich beim ersten Besuch direkt mit deinem Angebot verbunden fühlen.

Vom Start zum Erfolg Dein Online-Business

2. Deine Social Media-Präsenz aufbauen

Social Media ist ein mächtiges Tool, um dein Online-Business sichtbar zu machen und mit deiner Zielgruppe zu interagieren. Aber es reicht nicht aus, einfach nur ein Profil auf Facebook, Instagram oder TikTok zu erstellen. Du musst aktiv werden, regelmäßig posten und eine echte Community aufbauen.

Die wichtigsten Social Media-Plattformen für dein Business:

Instagram: Ideal für visuell ansprechende Produkte und Inhalte. Du kannst Fotos und Videos teilen, die deine Marke repräsentieren, Tutorials geben oder hinter die Kulissen blicken lassen. Instagram Stories und Reels sind auch eine großartige Möglichkeit, um deine Follower täglich zu erreichen.

Facebook: Besonders nützlich, um Gruppen zu erstellen oder Gruppen beizutreten, die sich mit deinem Thema beschäftigen. Hier kannst du tiefergehende Diskussionen führen, auf Fragen antworten und direkt mit potenziellen Kunden interagieren.

LinkedIn: Wenn dein Business eher professionell oder karriereorientiert ist, solltest du LinkedIn nutzen, um deine Expertise zu zeigen und Netzwerke mit anderen Unternehmern oder potenziellen Kunden zu knüpfen.

TikTok: Die Plattform wächst rasant, vor allem bei der jüngeren Zielgruppe. Sie eignet sich hervorragend, um schnelle, unterhaltsame und kreative Inhalte zu teilen.

Jan Böhn

Tipps für den Erfolg auf Social Media:

Sei authentisch: Deine Follower möchten echte Menschen sehen. Zeige deine Persönlichkeit und sei authentisch. Teile nicht nur Erfolge, sondern auch Herausforderungen.

Interagiere mit deiner Community: Social Media ist kein Einbahnstraße. Stelle Fragen, antworte auf Kommentare und zeige, dass du deine Community schätzt.

Poste regelmäßig: Konstanz ist wichtig. Erstelle einen Redaktionsplan und versuche, regelmäßig Inhalte zu veröffentlichen. So bleibst du in Erinnerung.

Nutze Hashtags: Hashtags helfen dir, eine größere Reichweite zu erzielen und deine Zielgruppe gezielt anzusprechen. Nutze relevante Hashtags, um deine Posts für die richtigen Menschen sichtbar zu machen.

Beispiel:

Stell dir vor, du postest regelmäßig auf Instagram Videos, in denen du zeigst, wie du Schritt für Schritt ein Sauerteigbrot bäckst. Du könntest auch einige interessante Fakten oder Tipps über Sauerteig in deinen Stories teilen und auf deinem Profil immer wieder neue Rezepte veröffentlichen. Deine Follower könnten beginnen, sich mit dir zu identifizieren, und du baust eine treue Community auf, die interessiert ist, dein Angebot zu kaufen.

3. E-Mail-Marketing: Wie du eine Beziehung zu deiner Zielgruppe aufbaust

E-Mail-Marketing ist ein weiteres unverzichtbares Werkzeug, um mit deiner Zielgruppe in Kontakt zu bleiben und sie durch den Verkaufsprozess zu begleiten. Während Social Media eine großartige Möglichkeit ist, um neue Follower zu gewinnen, ist E-Mail-Marketing eine persönliche und direkte Methode, um deine bestehenden Kontakte zu pflegen.

Warum E-Mail-Marketing so effektiv ist:

Direkter Kontakt: E-Mails sind direkt und persönlich. Du kannst deine Botschaft gezielt an deine Interessenten senden und eine engere Beziehung zu ihnen aufbauen.

Langfristige Beziehung: Im Gegensatz zu Social Media bleibt eine E-Mail in der Inbox des Empfängers und ist jederzeit abrufbar. Du kannst regelmäßig wertvolle Inhalte verschicken, ohne dass deine Nachricht im Feed untergeht.

Höhere Conversion-Rate: Studien zeigen, dass E-Mail-Marketing eine höhere Conversion-Rate hat als Social Media oder andere Kanäle. Menschen, die sich für deinen Newsletter anmelden, haben bereits ein gewisses Interesse an deinem Angebot.

Wie du erfolgreich E-Mail-Marketing betreibst:

Biete einen Mehrwert: Um E-Mail-Adressen zu sammeln, solltest du einen kostenlosen, wertvollen Inhalt anbieten – einen „Lead Magneten" wie einen kostenlosen Kurs, ein E-Book oder eine Checkliste.

Erstelle eine E-Mail-Serie: Anstatt nur einmal eine E-Mail zu schicken, erstelle eine Serie, die die Leser auf eine Reise mitnimmt – zum Beispiel durch deinen Kurs oder deine Produkte.

Nutze personalisierte Inhalte: Sprich deine Leser mit ihrem Namen an und biete ihnen Inhalte, die auf ihre Interessen abgestimmt sind.

4. Content Marketing:
Deine Expertise zeigen und Vertrauen aufbauen

Content Marketing ist eine der besten Methoden, um deine Zielgruppe auf deine Produkte oder Dienstleistungen aufmerksam zu machen, ohne direkt zu verkaufen. Indem du wertvolle, hilfreiche und relevante Inhalte bereitstellst, zeigst du deine Expertise und baust Vertrauen zu deiner Zielgruppe auf.

Formen des Content Marketings:

Blog: Ein Blog ist eine hervorragende Möglichkeit, dein Wissen in detaillierten Artikeln zu teilen. Dies hilft nicht nur dabei, deine Zielgruppe zu informieren, sondern auch, deine SEO zu verbessern, damit du besser in Suchmaschinen gefunden wirst.

Videos: Viele Menschen bevorzugen es, visuelle Inhalte zu konsumieren. YouTube oder IGTV können großartige Kanäle sein, um deine Inhalte zu teilen und eine persönliche Verbindung zu deinem Publikum aufzubauen.

Podcasts: Wenn du gerne sprichst, könnte ein Podcast eine interessante Möglichkeit sein, deine Expertise zu teilen und regelmäßig mit deiner Zielgruppe zu interagieren.

Das Fazit:

Deine Online-Präsenz als Grundlage für den Erfolg
Eine starke Online-Präsenz ist der Schlüssel, um aus deinem Business ein dauerhaftes Erfolgsmodell zu machen. Sie hilft dir, sichtbar zu werden, Vertrauen aufzubauen und eine Beziehung zu deiner Zielgruppe zu etablieren. Durch deine Website, Social Media, E-Mail-Marketing und Content Marketing kannst du deine Botschaft verbreiten und dir eine treue Community aufbauen. Je professioneller und konsequenter du deine Online-Präsenz pflegst, desto größer sind deine Chancen, langfristig erfolgreich zu sein.

Kapitel 6:
Die Kunst der Kundengewinnung und -bindung

Warum die Kundengewinnung die Grundlage deines Business ist

Stell dir vor, du hast deine Website erstellt, deine Social-Media-Kanäle gepflegt und deine Inhalte gut vorbereitet. Doch trotz all der Anstrengungen merkst du, dass die Verkäufe nicht so steigen, wie du es dir erhofft hast. Was fehlt?

Die Antwort ist einfach:
Die richtige Strategie zur Kundengewinnung.

Kundengewinnung ist ein zentraler Bestandteil jedes erfolgreichen Geschäfts. Ohne Kunden gibt es kein Business. Aber es reicht nicht, nur potenzielle Kunden zu erreichen – du musst auch die richtigen Menschen ansprechen und ihr Interesse wecken. Doch das ist oft leichter gesagt als getan. In diesem Kapitel werden wir uns genauer anschauen, wie du nicht nur Kunden gewinnst, sondern auch sicherstellst, dass sie bleiben und wiederkommen.

Jan Böhn

1. Die Bedeutung des ersten Eindrucks

„Der erste Eindruck zählt!" – ein Spruch, den du sicherlich schon oft gehört hast, aber hast du ihn jemals wirklich bedacht? Der erste Eindruck, den potenzielle Kunden von deinem Business bekommen, ist entscheidend für den weiteren Verlauf der Beziehung. Ob es sich um deine Website, deine Social-Media-Kanäle oder sogar dein E-Mail-Marketing handelt – alles muss so gestaltet sein, dass du das Vertrauen deiner Zielgruppe sofort gewinnst.

Was du bei der Gestaltung deines ersten Eindrucks beachten solltest:

Klarheit und Einfachheit: Deine Website, deine Angebote und deine Kommunikation sollten klar und einfach zu verstehen sein. Kunden sollen sofort wissen, was du anbietest und warum sie bei dir kaufen sollten. Vermeide verwirrende oder unnötig komplizierte Informationen.

Vertrauen aufbauen: Menschen möchten mit Marken zusammenarbeiten, denen sie vertrauen können. Zeige auf deiner Website Kundenbewertungen, Erfolgsgeschichten oder Testimonials, um zu verdeutlichen, dass du bereits anderen geholfen hast.

Professionalität: Deine gesamte Online-Präsenz – von der Website über Social Media bis hin zu deinen E-Mails sollte professionell wirken. Ein gut gestaltetes Design und klare, präzise Kommunikation helfen dabei, das Vertrauen deiner Kunden zu gewinnen.

2. Die richtige Ansprache: So gewinnst du das Interesse deiner Zielgruppe

Die richtige Ansprache ist der Schlüssel, um das Interesse deiner Zielgruppe zu wecken und sie dazu zu bringen, sich weiter mit deinem Angebot zu beschäftigen. Dabei geht es nicht nur darum, was du sagst, sondern auch, wie du es sagst. Du musst in der Sprache deiner Zielgruppe sprechen, ihre Bedürfnisse und Wünsche ansprechen und ihnen das Gefühl geben, dass du die Lösung für ihre Probleme hast.

So sprichst du deine Zielgruppe richtig an:

Nutze ihre Sprache: Wenn du deine Zielgruppe ansprichst, dann sprich ihre Sprache. Wenn du einen Online-Kurs für gesundheitsbewusste Menschen anbietest, dann solltest du Begriffe verwenden, die sie verstehen und die ihre Werte widerspiegeln. Vermeide Fachjargon, wenn er nicht zum Verständnis beiträgt.

Betone ihre Probleme und Bedürfnisse:

Deine Kunden haben bestimmte Probleme, die sie lösen möchten. Spreche diese Probleme direkt an und zeige auf, wie dein Produkt oder deine Dienstleistung ihnen helfen kann.

Biete eine Lösung:

Stelle klar, dass du die Antwort auf ihre Frage oder das Heilmittel für ihr Problem hast. Menschen suchen nach Lösungen und wenn du diese Lösung anbietest, bist du in der Lage, ihr Interesse zu gewinnen.

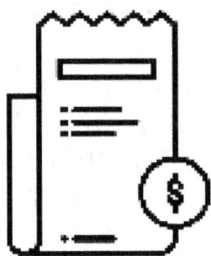

3. Die Rolle des Social Proofs: Vertrauen schaffen und verkaufen

Menschen vertrauen lieber anderen Menschen als Marken oder Unternehmen. Der sogenannte „Social Proof" – also der soziale Beweis – ist ein äußerst wirkungsvolles Werkzeug, um potenzielle Kunden davon zu überzeugen, dass sie sich für dein Produkt entscheiden sollten.

Was ist Social Proof und warum ist er so wichtig?

Social Proof bedeutet, dass du zeigst, dass andere Menschen bereits Vertrauen in dein Produkt oder deine Dienstleistung haben. Dies kann durch Bewertungen, Testimonials, Fallstudien oder die Anzahl der Follower auf Social Media geschehen.

Kundenbewertungen und Testimonials:

Menschen vertrauen den Erfahrungen anderer Kunden. Wenn sie sehen, dass andere mit deinem Produkt zufrieden sind, steigt ihre Bereitschaft, es ebenfalls zu kaufen.

Fallstudien und Erfolgsgeschichten:

Zeige konkrete Beispiele von Kunden, die mit deinem Produkt oder deiner Dienstleistung erfolgreich waren. Erkläre, wie sie von deinem Angebot profitiert haben und welche Ergebnisse sie erzielt haben.

Follower und Community:

Eine große und engagierte Community kann ebenfalls ein Beweis für die Qualität deines Produkts oder deiner Marke sein. Die Anzahl der Follower auf Social Media kann ebenfalls ein Indikator für deine Glaubwürdigkeit sein.

Beispiel:

Du könntest auf deiner Website oder in deinen Social Media Posts eine Sammlung von Testimonials und Erfolgsgeschichten teilen. Vielleicht erzählst du die Geschichte eines Kunden, der durch deinen Kurs endlich die Zeit gefunden hat, sein eigenes Unternehmen zu gründen. Diese Geschichten schaffen Vertrauen und ermutigen neue Kunden, ebenfalls deine Dienstleistungen zu buchen.

4. Die Bedeutung einer klaren Call-to-Action (CTA)

Eine klare Call-to-Action (CTA) ist entscheidend, um deine potenziellen Kunden zum Handeln zu bewegen. Eine CTA ist eine klare Aufforderung, eine bestimmte Handlung vorzunehmen, sei es ein Kauf, die Anmeldung zu einem Newsletter oder das Ausfüllen eines Formulars. Ohne eine deutliche CTA weiß der Kunde nicht, was als Nächstes zu tun ist, und du wirst viele potenzielle Verkäufe verlieren.

Worauf du bei einer effektiven Call-to-Action achten solltest:

Sei direkt und klar: Deine CTA sollte eindeutig und verständlich sein. „Jetzt kaufen" oder „Hier anmelden" sind einfache und klare Aufforderungen, die deine Kunden leicht verstehen.

Schaffe Dringlichkeit: Zeige den Kunden, dass sie nicht zögern sollten. Formulierungen wie „Nur noch 3 Plätze verfügbar" oder „Jetzt zugreifen, bevor das Angebot endet!" erhöhen das Gefühl der Dringlichkeit.

Mache es einfach: Der Kunde sollte nicht lange überlegen müssen. Die CTA sollte an einer gut sichtbaren Stelle auf deiner Seite oder in deinem E-Mail-Marketing platziert sein und einfach zu klicken oder auszuführen sein.

Beispiel:

Am Ende eines Landingpages für deinen „Sauerteig Brotbacken"-Kurs könntest du eine klare CTA setzen, wie: „Starte noch heute deinen Kurs und lerne in nur 7 Tagen, wie du dein eigenes perfektes Sauerteigbrot backst – Jetzt anmelden!"

5. Die Bedeutung der Kundengewinnung vs. Kundenbindung

Es ist eine oft übersehene Tatsache: Es ist viel teurer, neue Kunden zu gewinnen, als bestehende zu halten. Eine erfolgreiche Kundenbindung ist genauso wichtig wie die Kundengewinnung. Wenn du deinen bestehenden Kunden einen echten Mehrwert bietest, kannst du sie dazu bringen, immer wieder bei dir zu kaufen und dich ihren Freunden und Kollegen weiterzuempfehlen.

Wie du Kunden langfristig bindest:

Exzellenter Kundenservice: Sei schnell und hilfsbereit, wenn deine Kunden Fragen oder Probleme haben. Ein exzellenter Kundenservice sorgt dafür, dass sich deine Kunden geschätzt fühlen.

Exklusive Angebote: Belohne deine treuen Kunden mit exklusiven Rabatten, Vorabzugängen oder besonderen Angeboten. So fühlen sie sich besonders und sind eher geneigt, erneut bei dir zu kaufen.

Loyalitätsprogramme: Biete deinen Kunden ein Belohnungssystem, bei dem sie für ihre Käufe Punkte sammeln oder Rabatte erhalten können

Das Fazit:

Eine langfristige Beziehung zu deinen Kunden aufbauen Kundengewinnung und -bindung sind die Säulen eines erfolgreichen Online-Business. Der erste Eindruck zählt, und wenn du das Vertrauen deiner Kunden gewinnst, wirst du in der Lage sein, eine loyale und engagierte Community aufzubauen. Mit klaren Handlungsaufforderungen, Social Proof und einem Fokus auf langfristige Kundenbeziehungen kannst du deine Zielgruppe nicht nur gewinnen, sondern sie auch als wiederkehrende Kunden behalten.

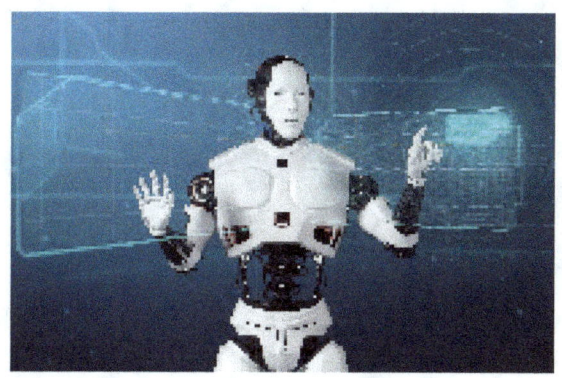

Kapitel 7: Automatisierung und Skalierung deines Online-Business

Warum Automatisierung der Schlüssel zum Wachstum ist

Stell dir vor, du hättest ein Business, das rund um die Uhr arbeitet, während du schläfst. Du musst nicht mehr jede E-Mail einzeln beantworten, keine manuellen Verkaufsprozesse mehr durchführen und kannst dich auf die wirklich wichtigen Aufgaben konzentrieren. Was wie ein unerreichbarer Traum klingt, ist für viele erfolgreiche Unternehmer dank Automatisierung Realität geworden.

Automatisierung ist ein Game Changer für jedes Online-Business, besonders wenn du deine Zeit effizient nutzen und dein Unternehmen auf das nächste Level bringen möchtest. In diesem Kapitel werden wir uns genauer ansehen, wie du Automatisierungstools und -techniken nutzen kannst, um wiederkehrende Aufgaben zu optimieren, Prozesse zu rationalisieren und dein Business skalierbar zu machen. Wir werden uns auch mit den Grenzen der Automatisierung befassen und wie du den persönlichen Kontakt mit deinen Kunden beibehältst, während du effizient arbeitest.

1. Automatisierung der Kundenakquise

Die Kundengewinnung ist einer der ersten und wichtigsten Schritte, wenn du ein Online-Business führst. Aber was, wenn du nicht jeden einzelnen potenziellen Kunden persönlich ansprechen musst, sondern ein System hast, das dies für dich übernimmt? Automatisierung kann dir helfen, Leads zu generieren und sie gezielt anzusprechen, ohne dass du ständig manuell eingreifen musst.

Tools, die dir helfen, den Prozess zu automatisieren:

Lead Magneten: Biete einen kostenlosen, wertvollen Inhalt an, der die Kontaktdaten potenzieller Kunden sammelt. Dies kann ein E-Book, ein Webinar oder eine kostenlose Checkliste sein. Sobald der Kunde sich anmeldet, erhält er sofort eine E-Mail mit dem Link zu deinem Lead Magneten.

E-Mail-Marketing-Automatisierung: Nutze Tools wie Mailchimp, ConvertKit oder ActiveCampaign, um E-Mail-Kampagnen zu automatisieren. Du kannst eine E-Mail-Serie erstellen, die nach dem Abonnieren automatisch versendet wird und deine neuen Leads aufwärmt, bevor du sie mit deinem Hauptangebot konfrontierst.

Chatbots: Chatbots sind eine hervorragende Möglichkeit, potenzielle Kunden in Echtzeit zu betreuen und zu qualifizieren, selbst wenn du nicht online bist. Sie können Fragen beantworten, Produkte empfehlen und sogar Verkaufsprozesse in Gang setzen.

Beispiel:

Stell dir vor, du bietest einen kostenlosen Online-Kurs zum Thema Zeitmanagement an. Sobald sich jemand auf deiner Website anmeldet, bekommt er automatisch eine Bestätigungsmail und die ersten Lektionen des Kurses. Während er den Kurs durchläuft, erhält er automatisch E-Mails, die ihm weiterführende Angebote machen, wie zum Beispiel einen kostenpflichtigen Kurs oder Coaching-Sitzungen. Du hast gerade eine Verkaufstrichter-Automatisierung aufgebaut, die rund um die Uhr arbeitet.

2. Automatisierung des Verkaufsprozesses

Der Verkaufsprozess ist entscheidend für den Erfolg eines Online-Business. Aber auch dieser muss nicht von dir persönlich durchgeführt werden. Mit der richtigen Software kannst du den gesamten Verkaufsprozess automatisieren, von der ersten Kontaktaufnahme bis zum endgültigen Kauf.

Automatisierung des Verkaufsprozesses mit diesen Tools:

Landing Pages und Sales Funnels: Tools wie ClickFunnels, Leadpages oder Systeme.io ermöglichen es dir, maßgeschneiderte Landing Pages zu erstellen, die den Verkaufsprozess automatisieren. Die Seiten können direkt für bestimmte Produkte oder Angebote konzipiert sein und alle Schritte von der Informationsbereitstellung bis zum Abschluss des Kaufs abdecken.

Zahlungsabwicklung: Plattformen wie PayPal, Stripe oder SamCart ermöglichen es dir, Zahlungen zu automatisieren und sofortige Bestellbestätigungen und Rechnungen zu versenden. Das bedeutet, dass du deinen Kunden eine reibungslose und sofortige Kauferfahrung bieten kannst, ohne manuell eingreifen zu müssen.

Upselling und Cross-Selling: Automatisierte E-Mail Kampagnen oder Verkaufsseiten können dazu verwendet werden, nach dem ersten Kauf zusätzliche Produkte oder Dienstleistungen anzubieten. Dies hilft, den Umsatz pro Kunde zu steigern, ohne dass du jedes Mal eine neue Verkaufspräsentation erstellen musst.

Beispiel:

Stell dir vor, du hast ein Online-Programm zur Gewichtsreduktion erstellt. Sobald jemand das Programm kauft, erhält er eine E-Mail mit einem Angebot für ein exklusives Coaching-Paket, das ihm dabei hilft, das Programm noch schneller umzusetzen. Wenn er diese E-Mail öffnet und das Coaching-Paket kauft, wird er sofort in dein System aufgenommen und erhält weitere automatisierte Nachrichten und Materialien, um das Programm zu absolvieren.

3. Automatisierung des Kundenservice

Der Kundenservice ist ein entscheidender Aspekt jedes erfolgreichen Unternehmens. Allerdings kann es enorm zeitaufwendig sein, Kundenanfragen zu bearbeiten, insbesondere wenn du mit einer großen Anzahl von Anfragen konfrontiert bist. Aber auch hier hilft dir die Automatisierung, indem sie dir ermöglicht, häufig gestellte Fragen schnell zu beantworten und dabei trotzdem ein hohes Maß an Kundenzufriedenheit zu gewährleisten.

Tools zur Automatisierung des Kundenservices:

FAQ-Seiten: Eine gut strukturierte FAQ-Seite auf deiner Website kann viele häufig gestellte Fragen automatisch beantworten und deinen Kunden helfen, schnell Lösungen zu finden.

Chatbots: Wie bereits erwähnt, können Chatbots rund um die Uhr Kundenanfragen bearbeiten, einfache Fragen beantworten und sogar Bestellungen entgegennehmen. Sie können auch Probleme automatisch eskalieren, wenn der Kunde eine komplexere Frage hat, die von einem Menschen beantwortet werden muss.

Helpdesk-Software: Tools wie Zendesk oder Freshdesk ermöglichen es dir, Anfragen zu automatisieren und in Tickets zu organisieren. Diese Tools bieten oft auch Selbsthilfeoptionen, bei denen Kunden schnell Antworten auf häufige Fragen finden können.

Beispiel:

Nehmen wir an, du verkaufst ein Software-as-a-Service-Produkt. Ein Kunde hat Schwierigkeiten, sich in das System einzuloggen. Statt eine E-Mail zu senden, kann er auf deiner Website den integrierten Chatbot aktivieren, der ihm Schritt für Schritt hilft, das Problem zu lösen. Sollte er trotzdem auf Schwierigkeiten stoßen, kann der Chatbot das Ticket automatisch an den Support weiterleiten. Auf diese Weise wird dein Kundenservice wesentlich effizienter und du musst weniger Zeit in einfache Anfragen investieren.

4. Skalierung: Dein Business auf die nächste Stufe bringen

Wenn du dein Online-Business skalieren möchtest, musst du deine Prozesse so gestalten, dass sie ohne zusätzlichen Aufwand mit deinem Wachstum Schritt halten können. Automatisierung ist der Schlüssel zur Skalierung, da sie dir hilft, mehr Kunden zu bedienen, ohne dass du mehr Mitarbeiter einstellen oder deine Arbeitszeit drastisch erhöhen musst. Aber wie genau skalierst du dein Business durch Automatisierung?

Skalierung deines Business durch Automatisierung:

Optimierung von Prozessen: Schau dir deine Prozesse genau an und finde heraus, welche Aufgaben du automatisieren kannst. Dies können Aufgaben wie das Versenden von Rechnungen, das Erstellen von Content oder das Planen von Social Media-Posts sein.

Systeme und Software: Investiere in robuste Systeme und Software, die es dir ermöglichen, alles zu zentralisieren und zu automatisieren. Tools wie Zapier, integrierte CRM-Systeme oder All-in-One-Plattformen helfen dir, alle Aspekte deines Business zu automatisieren.

Erweiterung deines Teams: Wenn du dein Business skalierst, kannst du einige Aufgaben an virtuelle Assistenten oder spezialisierte Freelancer delegieren. Du kannst diesen Teil des Geschäfts durch Automatisierung und Teamarbeit so effizient wie möglich gestalten.

Beispiel:

Nehmen wir an, du bietest einen Online Kurs an und hast festgestellt, dass du mehr Kunden gewinnen möchtest. Statt jeder einzelnen Kurs zu verkaufen, kannst du einen Verkaufsfunnel erstellen, der automatisch potenzielle Kunden anzieht, sie qualifiziert und ihnen eine maßgeschneiderte E-Mail-Serie sendet. Gleichzeitig kannst du deine Social Media Strategie automatisieren, um mehr organischen Traffic zu generieren.

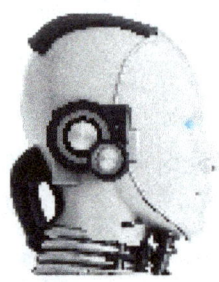  

5. Die Balance finden: Automatisierung vs. persönlicher Kontakt

Automatisierung ist zweifellos ein kraftvolles Werkzeug, aber es ist wichtig, die richtige Balance zu finden. Zu viel Automatisierung kann dazu führen, dass dein Business unpersönlich wirkt und du die Beziehungen zu deinen Kunden verlierst. Du solltest darauf achten, dass du genügend persönlichen Kontakt pflegst, um das Vertrauen und die Loyalität deiner Kunden zu erhalten.

Wie du den menschlichen Kontakt beibehältst:

Persönliche E-Mails: Auch wenn viele E-Mails automatisiert sind, solltest du deinen Kunden immer die Möglichkeit geben, mit dir direkt in Kontakt zu treten, wenn sie eine spezifische Frage haben.
Direkte Kommunikation: Biete deinen Kunden an, in bestimmten Fällen persönlich zu antworten oder individuell zugeschnittene Lösungen anzubieten.

Kundenumfragen: Automatisierte Umfragen oder Feedback-Formulare sind eine großartige Möglichkeit, die Meinung deiner Kunden zu erfahren und sie zu hören, ohne den Kontakt zu verlieren.

Das Fazit:

Dein Business effizient und skalierbar gestalten Automatisierung kann dir helfen, Zeit und Ressourcen zu sparen, Prozesse effizienter zu gestalten und dein Business schnell und nachhaltig zu skalieren. Doch es ist entscheidend, den richtigen Mix aus Automatisierung und persönlichem Kontakt zu finden. Mit den richtigen Tools und einer durchdachten Strategie kannst du dein Business auf das nächste Level heben, mehr Kunden bedienen und langfristig wachsen.

Kapitel 8:
Die Bedeutung von Analytics und Feedback für den Erfolg deines Online-Businesses

Warum Analytics und Feedback dein Business auf die nächste Stufe heben.

Stell dir vor, du baust ein Haus, aber du hast keine Baupläne und keinen Bauingenieur, der dir hilft. Du würdest wahrscheinlich in eine Menge Probleme geraten, oder? So ähnlich ist es, wenn du ein Online-Business ohne Analytics und Feedback betreibst. Du könntest dich auf dein Bauchgefühl und deine Ideen verlassen, aber ohne die richtigen Daten und Rückmeldungen weißt du nicht, ob du wirklich auf dem richtigen Weg bist.
Analytics und Kundenfeedback sind wie die Baupläne und der Bauingenieur für dein Business. Sie geben dir die klaren, messbaren Informationen, die du brauchst, um deine Strategie anzupassen, Fehler zu erkennen und gezielt in die richtigen Bereiche zu investieren. In diesem Kapitel werden wir uns damit beschäftigen, wie du die richtigen Daten sammelst, was du daraus lernen kannst und wie du das Feedback deiner Kunden effektiv nutzt, um dein Online-Business langfristig erfolgreich zu machen.

1. Warum Analytics unerlässlich sind – und wie du sie richtig nutzt

Ohne die richtigen Daten kannst du nur raten, was funktioniert und was nicht. Die Welt des Online-Businesses ist voll von Möglichkeiten und Herausforderungen, aber nur durch Analytics kannst du herausfinden, welche Schritte dich wirklich voranbringen und welche dich Zeit und Geld kosten.

Analytics bieten dir detaillierte Einblicke in das Verhalten deiner Kunden, die Leistung deiner Marketingstrategien und die Rentabilität deiner Angebote. Mit diesen Informationen kannst du fundierte Entscheidungen treffen und deine Bemühungen auf die erfolgversprechendsten Bereiche konzentrieren. Aber wie nutzt du Analytics richtig?

Wichtige Metriken, die du im Blick behalten solltest:

Traffic-Quellen: Woher kommt der Traffic auf deine Website? Sind es Suchmaschinen, bezahlte Werbung, soziale Medien oder andere Quellen? Diese Information hilft dir, zu verstehen, welche Marketingkanäle am effektivsten sind.

Bounce-Rate: Wie viele Besucher verlassen deine Seite nach dem ersten Klick, ohne weiter zu interagieren? Eine hohe Bounce-Rate kann darauf hinweisen, dass deine Landing Page oder dein Angebot nicht überzeugend genug ist.

Kundengewinnungskosten (CAC) und Lebenszeitwert (CLV): Wie viel kostet es, einen neuen Kunden zu gewinnen? Wie viel Gewinn bringst du mit einem Kunden über die gesamte Zeit, in der er bei dir bleibt?

Conversion-Rate: Wie viele der Besucher deiner Seite tätigen eine gewünschte Aktion – etwa einen Kauf oder eine Anmeldung? Diese Zahl zeigt dir, wie gut dein Verkaufsprozess funktioniert.

Verhalten der Nutzer: Welche Seiten besuchen die Nutzer, wie lange bleiben sie auf deiner Seite, und was tun sie? Diese Daten helfen dir, die Benutzererfahrung zu verbessern und potenzielle Schwachstellen in deinem Verkaufsfunnel zu identifizieren.

Vom Start zum Erfolg Dein Online-Business

Tools zur Analyse deines Online-Businesses:

Google Analytics: Dies ist das Standard-Tool für die Analyse von Website-Daten. Es bietet dir detaillierte Informationen zu deinem Website-Traffic, den Quellen und dem Verhalten deiner Nutzer.

Hotjar oder Crazy Egg: Diese Tools helfen dir, zu verstehen, wie Nutzer mit deiner Seite interagieren, indem sie Heatmaps, Aufzeichnungen und andere Verhaltensanalysen anbieten.

Facebook Insights und Instagram Analytics: Wenn du auf Social Media aktiv bist, solltest du die Analyse-Tools der Plattformen nutzen, um herauszufinden, welche Beiträge am besten ankommen und wie du deine Zielgruppe besser ansprechen kannst.

Beispiel:

Angenommen, du stellst fest, dass die Conversion Rate auf deiner Landing Page sehr niedrig ist, während der Traffic hoch ist. Du kannst die Seite mit Google Analytics und Hotjar untersuchen, um herauszufinden, ob die Besucher die Seite zu schnell verlassen, ob das Design unklar ist oder ob das Angebot nicht ansprechend genug ist. Diese Erkenntnisse ermöglichen es dir, gezielte Änderungen vorzunehmen, die deine Conversion-Rate steigern.

2. Kundenfeedback: Die geheime Waffe für Verbesserungen

Während Analytics dir harte, messbare Daten liefern, gibt dir das Kundenfeedback die emotionale Perspektive. Deine Kunden sind die wahren Experten in Bezug auf dein Produkt oder deine Dienstleistung. Sie können dir genau sagen, was ihnen gefällt, was nicht funktioniert und wo sie Verbesserungen sehen wollen.

Warum Kundenfeedback so wertvoll ist:

<u>Direkter Einblick in die Kundenwünsche</u>: Nur die Kunden wissen genau, welche Probleme sie beim Kauf, der Nutzung oder beim Support erlebt haben. Ihr Feedback hilft dir, Schwachstellen zu erkennen, bevor sie sich zu größeren Problemen auswachsen.

<u>Verbesserung der Kundenerfahrung</u>: Indem du auf das Feedback deiner Kunden eingehst, kannst du ihre Erfahrungen mit deinem Business kontinuierlich verbessern. Zufriedene Kunden sind nicht nur loyal, sondern auch deine besten Markenbotschafter.

<u>Vertrauen und Bindung aufbauen</u>: Wenn Kunden sehen, dass ihre Meinung geschätzt wird und Veränderungen aufgrund ihres Feedbacks vorgenommen werden, steigt ihre Bindung an deine Marke. Sie fühlen sich gehört und verstehen, dass du ihr Vertrauen ernst nimmst.

So sammelst du effektiv Feedback:

Umfragen: Tools wie SurveyMonkey oder Google Forms ermöglichen es dir, strukturierte Umfragen zu erstellen, die du an deine Kunden senden kannst. Frage nach ihren Erfahrungen mit deinem Produkt, deiner Website und deinem Service.

Social Media: Nutze Social-Media-Plattformen, um direkt mit deinen Kunden zu interagieren und Feedback zu sammeln. Umfragen in Instagram Stories oder Posts auf Facebook können dir schnell wertvolle Informationen liefern.

Bewertungen und Testimonials: Ermutige deine Kunden, Bewertungen zu hinterlassen, und biete Anreize für Feedback. Bewertungen sind eine großartige Möglichkeit, die Erfahrungen deiner Kunden zu nutzen, um Vertrauen bei neuen Käufern aufzubauen.

Direkte Gespräche: Manchmal kann ein persönliches Gespräch oder eine Videoanruf mit einem deiner treuen Kunden viel wertvoller sein als eine formelle Umfrage. Du kannst direkt fragen, was sie verbessern würden, was sie an deinem Service schätzen und was sie sich wünschen.

Beispiel:

Angenommen, du bietest eine Softwarelösung an, aber viele Kunden haben Schwierigkeiten, die Funktionen richtig zu verstehen. Das Feedback durch eine Umfrage zeigt dir, dass eine einfache Einführung in die wichtigsten Funktionen gewünscht wird. Du kannst daraufhin ein kurzes Onboarding-Video erstellen, das diesen Wunsch erfüllt und deinen Kunden hilft, das Beste aus deinem Produkt herauszuholen.

3. Den Feedback-Prozess iterativ gestalten

Der Erfolg von Analytics und Feedback liegt nicht in einmaliger Anwendung, sondern in der kontinuierlichen Anpassung und Verbesserung. Du solltest ein iteratives System schaffen, das dir regelmäßig neue Daten und Rückmeldungen liefert, sodass du konstant an deinem Business feilen und es optimieren kannst.

So gehst du iterativ vor:

Regelmäßige Überprüfung der Daten: Schau dir regelmäßig die gesammelten Analytics und das Feedback an. Wenn du alle paar Monate nur einen schnellen Blick darauf wirfst, verpasst du die Gelegenheit, kleine Probleme rechtzeitig zu erkennen.

Anpassung und Tests: Wenn du Änderungen an deinem Angebot vornimmst, sei es durch neue Funktionen, Änderungen im Marketing oder Anpassungen der Preisgestaltung, teste diese Änderungen zuerst in einem kleinen Maßstab. Überwache die Auswirkungen mit Analytics und sammle erneut Feedback, um zu sehen, ob die Änderungen den gewünschten Effekt haben.

Zufriedenheit messen: Nutze Kundenbefragungen, um zu messen, wie zufrieden deine Kunden nach der Implementierung von Änderungen sind. Wenn die Zufriedenheit steigt, bist du auf dem richtigen Weg.

Beispiel:

Angenommen, du hast deine Website basierend auf den Analytics-Daten und dem Feedback von Kunden optimiert. Nach ein paar Wochen überprüfst du erneut die Conversion-Rate und bemerkst eine Verbesserung. Um sicherzustellen, dass diese Veränderung auch nachhaltig ist, führst du weitere Tests durch und fragst deine Kunden, wie sie die neue Benutzererfahrung finden. So kannst du sicherstellen, dass du kontinuierlich auf dem richtigen Kurs bleibst.

4. Das Fazit:

Wie du Analytics und Feedback für deinen langfristigen Erfolg nutzt

Die Kombination aus Analytics und Kundenfeedback ist das Rückgrat eines erfolgreichen Online-Businesses. Mit den richtigen Daten kannst du fundierte Entscheidungen treffen und dein Business effektiv skalieren. Das Feedback deiner Kunden hilft dir, deine Angebote immer weiter zu verbessern und sicherzustellen, dass du ihre Bedürfnisse und Wünsche erfüllst.
Indem du regelmäßig auf Analytics schaust und kontinuierlich Feedback sammelst, kannst du sicherstellen, dass du immer auf dem neuesten Stand bleibst und dein Business auf lange Sicht erfolgreich bleibt.

Jan Böhn

Kapitel 9:
Strategien zur langfristigen Kundenbindung und Markenloyalität

Warum Kundenbindung genauso wichtig ist wie Neukundengewinnung

Es ist ein weit verbreitetes Missverständnis, dass das Gewinnen von Neukunden das wichtigste Ziel für jedes Unternehmen ist. Natürlich ist die Akquise neuer Kunden entscheidend, aber genauso wichtig ist es, bestehende Kunden zu behalten und eine starke Markenloyalität zu entwickeln. Warum? Weil es deutlich günstiger ist, mit bestehenden Kunden weiterzuarbeiten, als ständig neue Kunden zu gewinnen.

Stell dir vor, du hast einen Laden, in dem immer wieder dieselben Stammkunden einkaufen. Sie kennen dich, sie vertrauen dir und sie wissen, dass du die Produkte und Dienstleistungen lieferst, die sie brauchen. Diese Kunden kehren immer wieder zurück, empfehlen dich weiter und sind bereit, mehr zu investieren. Die langfristige Kundenbindung schafft nicht nur wiederkehrende Einnahmen, sondern baut auch eine starke, treue Kundenbasis auf, die für die nachhaltige Entwicklung deines Online-Businesses entscheidend ist.

In diesem Kapitel gehen wir darauf ein, wie du Strategien entwickelst, um Kunden zu binden, die Loyalität zu stärken und deine Marke für die Zukunft zu positionieren.

1. Die Psychologie der Kundenbindung verstehen

Bevor du mit der Umsetzung von Bindungsstrategien beginnst, ist es wichtig zu verstehen, warum Kunden loyal bleiben. Es geht nicht nur um das Produkt oder den Service, den du anbietest – es geht auch um die emotionale Verbindung, die du mit deinen Kunden aufbaust.

Wichtige Faktoren, die zur Kundenbindung beitragen:

Vertrauen: Vertrauen ist das Fundament jeder guten Geschäftsbeziehung. Wenn deine Kunden wissen, dass sie sich auf dich verlassen können, werden sie eher wieder bei dir kaufen.

Erfüllung von Bedürfnissen und Erwartungen: Wenn du kontinuierlich die Bedürfnisse deiner Kunden verstehst und ihre Erwartungen übertriffst, wirst du in ihrer Wahrnehmung einen besonderen Platz einnehmen.

Persönliche Beziehung: Kunden, die sich persönlich wertgeschätzt fühlen, sind eher bereit, bei dir zu kaufen und dich weiterzuempfehlen. Es geht nicht nur um den Verkauf, sondern um den Aufbau einer Beziehung.

Belohnung und Anerkennung: Wenn du deine treuen Kunden regelmäßig belohnst oder anerkennst, stärkt das ihre Bindung zu deinem Unternehmen. Sie fühlen sich geschätzt und werden dadurch eher wieder bei dir einkaufen.

Beispiel:

Angenommen, du betreibst ein Fitnessprogramm und schickst deinen Kunden nach ihrem ersten Kauf eine persönliche Nachricht, in der du sie für ihre Entscheidung lobst und ihnen für ihre zukünftigen Fortschritte alles Gute wünschst. Du schickst ihnen regelmäßig auch Tipps und nützliche Inhalte, die sie auf ihrem Weg unterstützen. Diese persönliche Aufmerksamkeit stärkt ihre Loyalität, und sie sind eher geneigt, dein Programm weiter zu empfehlen oder zusätzliche Produkte zu kaufen.

2. Personalisierung: Der Schlüssel zu einer starken Kundenbindung

In der heutigen Welt erwarten Kunden, dass Marken ihre Bedürfnisse kennen und ihre Erfahrungen individuell gestalten. Personalisierung ist daher ein entscheidender Faktor für die Kundenbindung. Es geht darum, deinen Kunden das Gefühl zu geben, dass du sie verstehst und für sie da bist.

Wie du Personalisierung effektiv in deinem Online-Business einsetzt:

Personalisierte E-Mails: Statt generische E-Mails zu versenden, kannst du E-Mails an deine Kunden basierend auf ihren Interessen, bisherigen Käufen oder ihrem Verhalten auf deiner Website anpassen. Dies sorgt für eine persönlichere Kommunikation und erhöht die Wahrscheinlichkeit, dass der Kunde darauf reagiert.

Produktempfehlungen: Nutze Daten, um deinen Kunden maßgeschneiderte Produkt- oder Serviceempfehlungen zu geben. Wenn du zum Beispiel eine E-Commerce-Website betreibst, könntest du ähnliche oder ergänzende Produkte basierend auf den bisherigen Käufen deines Kunden vorschlagen.

Exklusive Angebote: Biete deinen treuen Kunden besondere Rabatte oder Angebote an. Zeige ihnen, dass ihre Loyalität geschätzt wird und belohne sie mit besonderen Vorteilen.

Individuelle Unterstützung: Biete deinen Kunden individuelle Beratung oder Support an. Das kann durch maßgeschneiderte Inhalte, persönliche Beratung oder maßgeschneiderte Angebote geschehen.

Beispiel:

Stell dir vor, du hast eine Kundin, die regelmäßig bei dir Sportbekleidung kauft. Du kannst ihre Einkäufe verfolgen und ihr nach einem bestimmten Zeitraum eine E-Mail senden, in der du ihr neue Kollektionen vorschlägst, die ihrer bisherigen Auswahl ähneln. Vielleicht bietest du ihr auch einen exklusiven Rabatt an, um ihre Entscheidung zum Kauf zu erleichtern.

3. Community-Aufbau: Kunden zu Markenbotschaftern machen

Kundenbindung geht über den Kauf eines Produkts hinaus. Um eine starke Markenloyalität zu fördern, musst du eine Community aufbauen, in der sich deine Kunden mit deiner Marke identifizieren und sich gegenseitig unterstützen.

Wie du eine Community rund um deine Marke aufbaust:

Social Media Gruppen: Eine Facebook-Gruppe oder ein Forum auf deiner Website bietet deinen Kunden die Möglichkeit, sich mit dir und anderen Kunden auszutauschen. Sie können Fragen stellen, ihre Erfahrungen teilen und sich gegenseitig unterstützen. Diese Art von Engagement stärkt das Gemeinschaftsgefühl und die Markentreue.

Exklusive Veranstaltungen: Organisiere Online-Events, wie Live-Webinare oder Q&A-Sessions, bei denen du mit deinen Kunden direkt interagierst. Dies fördert das Gefühl der Zugehörigkeit und gibt deinen Kunden das Gefühl, Teil einer exklusiven Gruppe zu sein.

Kunden-zu-Kunden-Empfehlungen: Ermutige zufriedene Kunden, ihre positiven Erfahrungen in sozialen Medien zu teilen und anderen zu helfen, deine Produkte oder Dienstleistungen zu entdecken. Du könntest ein Empfehlungsprogramm einführen, bei dem Kunden für Empfehlungen belohnt werden.

Markenbotschafter: Identifiziere deine loyalsten Kunden und lade sie ein, Markenbotschafter zu werden. Sie können die Marke in sozialen Medien vertreten und mit anderen Kunden teilen, warum sie deine Marke lieben.

Beispiel:

Du führst ein Online-Business, das umweltfreundliche Produkte verkauft. Du könntest eine Facebook Gruppe für deine Kunden einrichten, in der sie Ideen zur nachhaltigen Lebensweise austauschen und Tipps zur Verwendung deiner Produkte teilen können. Du könntest sogar eine monatliche „Challenge" veranstalten, bei der die Mitglieder der Gruppe ihre eigenen umweltfreundlichen Ideen und Projekte präsentieren. Diese Art der Community sorgt dafür, dass deine Kunden sich nicht nur als Käufer fühlen, sondern als Teil einer Bewegung.

4. Belohnungsprogramme: Kunden für ihre Loyalität danken

Belohnungen sind eine der effektivsten Methoden, um Kunden langfristig zu binden. Sie schaffen einen Anreiz für Wiederholungskäufe und fördern gleichzeitig die Kundenzufriedenheit.

Wie du ein effektives Belohnungsprogramm einführst:

Punkte sammeln: Implementiere ein Punktesystem, bei dem Kunden für jede Transaktion Punkte sammeln, die sie später gegen Rabatte oder Produkte eintauschen können.

Exklusive Rabatte und Angebote: Biete deinen treuen Kunden spezielle Rabatte oder Geschenke an, die nur für sie verfügbar sind. Diese Angebote könnten auf bestimmte Kaufgewohnheiten oder das Erreichen eines bestimmten Punktestandes basieren.

Geschenke und Überraschungen: Zeige deinen treuen Kunden, dass du an sie denkst, indem du ihnen zu besonderen Anlässen (z. B. Geburtstag, Jahrestag des ersten Kaufs) kleine Geschenke oder Rabattcodes schickst. Diese kleine Aufmerksamkeit stärkt ihre Bindung zu deiner Marke.

Beispiel:

Angenommen, du betreibst einen Online-Shop für Haushaltsprodukte. Du könntest ein Belohnungsprogramm anbieten, bei dem Kunden nach jedem Einkauf Punkte sammeln, die sie später für Rabatte oder kostenlose Produkte einlösen können. Kunden, die besonders regelmäßig einkaufen, könnten auch ein „VIP-Status"-Programm erhalten, das ihnen zusätzliche Vorteile wie kostenlosen Versand oder exklusiven Zugang zu neuen Produkten gewährt.

Das Fazit:
Kundenbindung ist der Schlüssel zum nachhaltigen Erfolg

Langfristige Kundenbindung ist nicht nur ein Bonus sie ist der Schlüssel zu einem erfolgreichen Online-Business. Sie sorgt für regelmäßige Einnahmen, steigert die Markenbekanntheit und ermöglicht es dir, auf einem soliden Fundament zu wachsen.

Mit der richtigen Strategie, einer persönlichen Beziehung zu deinen Kunden und dem richtigen Maß an Belohnung und Anerkennung kannst du eine treue Kundenbasis aufbauen, die dein Business auf lange Sicht trägt. Denke daran: Kundenbindung ist nicht nur ein einmaliges Ziel, sondern ein fortlaufender Prozess, der ständig gepflegt und verbessert werden muss.

Jan Böhn

Kapitel 10:
Skalierung deines Online-Businesses: Wie du dein Unternehmen nachhaltig vergrößerst

Warum Skalierung der Schlüssel zu langfristigem Wachstum ist

Stell dir vor, du hast ein kleines Café. Es läuft gut, du hast treue Kunden, und die Einnahmen stimmen. Doch was passiert, wenn du plötzlich das Gefühl hast, dass du an einem Punkt angekommen bist, an dem du einfach nicht weiterkommst? Die Nachfrage steigt, aber du kannst nicht alle Kunden bedienen, die dein Produkt oder deine Dienstleistung wollen. Dein Geschäft hat das Potenzial, größer zu werden – aber du stehst an der Wand, weil du nicht weißt, wie du es skalieren sollst.

Die Skalierung eines Online-Businesses ist der natürliche Schritt, wenn du dein Unternehmen auf das nächste Level heben möchtest. Es geht darum, deine Ressourcen und Prozesse so zu optimieren, dass du mehr Umsatz mit den gleichen (oder sogar weniger) Ressourcen erzielen kannst. Es ist jedoch keine leichte Aufgabe. Du musst intelligente Strategien entwickeln, die dir nicht nur beim Wachstum helfen, sondern das Wachstum auch nachhaltig und profitabel machen.

In diesem Kapitel gehen wir der Frage nach, wie du dein Online-Business richtig skalierst und dabei die Kontrolle behältst, ohne dass die Qualität leidet oder du dich überforderst.

1. Der richtige Zeitpunkt für die Skalierung

Bevor du in die Skalierung deines Unternehmens einsteigst, musst du sicherstellen, dass du dafür bereit bist. Die falsche Zeit für die Skalierung kann dein Business schädigen, anstatt ihm zu helfen.

Wann du mit der Skalierung beginnen solltest:

<u>Stabile Prozesse</u>: Wenn du bereits einen funktionierenden Verkaufsprozess und ein klares Geschäftsmodell hast, dann ist es an der Zeit, darüber nachzudenken, wie du diesen Prozess erweitern kannst, ohne die Qualität oder den Kundenservice zu gefährden.

<u>Finanzielle Stabilität</u>: Die Skalierung erfordert Investitionen – sei es in Werbung, Personal oder Infrastruktur. Du solltest über ausreichende finanzielle Mittel oder ein klares Investitionsmodell verfügen, um dein Business ohne unnötige Risiken zu erweitern.

<u>Starke Nachfrage</u>: Skalierung macht nur Sinn, wenn du eine nachgewiesene Nachfrage für dein Produkt oder deine Dienstleistung hast. Wenn du nur geringe Verkäufe erzielst, kann es riskant sein, zu expandieren. Stattdessen solltest du zuerst den Markt und deine Zielgruppe genau kennen und ihre Bedürfnisse befriedigen.

<u>Team und Infrastruktur</u>: Du brauchst ein funktionierendes Team, das dich bei der Expansion unterstützt, und eine Infrastruktur, die in der Lage ist, das Wachstum zu bewältigen. Hierzu zählen unter anderem automatisierte Systeme, Lagerhaltung, Versand und Kundenservice.

<u>Beispiel</u>:

Angenommen, du betreibst einen erfolgreichen Online-Shop für handgemachte Produkte, aber du bist am Punkt, an dem du keine Zeit mehr hast, alle Bestellungen manuell zu bearbeiten. Deine Kunden warten länger auf ihre Produkte, und der Verkaufsprozess ist verlangsamt. An diesem Punkt solltest du in automatisierte Systeme für Bestellabwicklung und Lagerverwaltung investieren, sodass du dein Geschäft ausweiten kannst, ohne den Überblick zu verlieren.

2. Automatisierung: Dein Geschäft ohne Überlastung führen

Die Automatisierung ist ein entscheidender Bestandteil der Skalierung. Sie hilft dir, Zeit zu sparen, Fehler zu minimieren und Prozesse effizienter zu gestalten. Durch Automatisierung kannst du deinen Arbeitsaufwand verringern, während du gleichzeitig den Umsatz steigern kannst.

Welche Prozesse solltest du automatisieren?

Marketing: E-Mail-Marketing-Tools wie Mailchimp oder ActiveCampaign ermöglichen es dir, automatisierte E-Mail-Kampagnen zu erstellen, die deine Kunden regelmäßig mit neuen Produkten oder Sonderaktionen versorgen. Du kannst auch Automatisierungen für Social-Media-Postings oder Werbung erstellen, um regelmäßig mit deiner Zielgruppe in Kontakt zu bleiben.

Bestellabwicklung und Versand: Tools wie Shopify oder WooCommerce bieten Lösungen zur Automatisierung der Bestellabwicklung, sodass Kunden ihre Bestellungen schneller erhalten und du dich nicht manuell mit jedem Auftrag beschäftigen musst.

Kundensupport: Chatbots wie Intercom oder Zendesk können einfache Kundenanfragen automatisch beantworten und somit den Support-Prozess erheblich entlasten. Dadurch bleibt mehr Zeit für komplexere Kundenanliegen.

Buchhaltung und Rechnungsstellung: Automatisiere deine Buchhaltung mit Tools wie QuickBooks oder Xero. Diese Programme helfen dir, Rechnungen zu erstellen, Zahlungen zu überwachen und deine Finanzen im Blick zu behalten.

Beispiel:

Stell dir vor, du führst eine kleine Online-Marketing-Agentur, und deine Dienstleistungen erfordern eine Menge Verwaltung und Kommunikation mit den Kunden. Du könntest ein CRM-System wie HubSpot implementieren, um den Kontakt mit deinen Kunden zu automatisieren, den Fortschritt von Projekten zu überwachen und Follow-ups zu automatisieren. So gewinnst du Zeit, um dich auf die wichtigen Aufgaben wie Strategieentwicklung und Kundenbetreuung zu konzentrieren.

3. Outsourcing: Expertise für das Wachstum gewinnen

Eine weitere Strategie, die dir hilft, dein Business zu skalieren, ist Outsourcing. Du kannst bestimmte Aufgaben, die nicht zu deinen Kernkompetenzen gehören oder die dich zeitlich überlasten, an externe Experten abgeben. Dadurch kannst du dich auf das Wesentliche konzentrieren und gleichzeitig sicherstellen, dass dein Business professionell und effizient betrieben wird.

Bereiche, die du outsourcen kannst:

Kundensupport: Wenn du viele Kundenanfragen erhältst, ist es sinnvoll, einen Kundensupport auszulagern, um sicherzustellen, dass alle Anfragen schnell und professionell beantwortet werden.

Content-Erstellung: Wenn Content Marketing ein wichtiger Bestandteil deiner Strategie ist, aber du keine Zeit hast, regelmäßig hochwertige Inhalte zu erstellen, kannst du freiberufliche Texter oder Content Creator engagieren.

<u>Grafikdesign und Webentwicklung</u>: Wenn du deine Website oder Marketingmaterialien auf das nächste Level bringen möchtest, kannst du Experten für Design und Webentwicklung hinzuziehen, die dir dabei helfen, deine Vision umzusetzen.

<u>Buchhaltung und Finanzen</u>: Wenn du dich mit der Buchhaltung überfordert fühlst, kannst du einen Steuerberater oder Buchhalter beauftragen, um sicherzustellen, dass deine Finanzen in Ordnung sind und du keine wichtigen steuerlichen Fristen verpasst.

<u>Beispiel:</u>

Wenn du ein kleines Online-Business für nachhaltige Kosmetikprodukte betreibst und die Nachfrage steigt, kann es sein, dass du nicht mehr alles selbst erledigen kannst. Du könntest einen externen Kundenservice-Dienstleister beauftragen, damit du dich auf die Weiterentwicklung deines Sortiments und auf das Marketing konzentrieren kannst. Ein erfahrener Support-Mitarbeiter kann sicherstellen, dass deine Kunden die besten Erfahrungen mit deinem Service machen, während du dich auf strategische Aufgaben konzentrierst.

4. Marketingstrategien für eine erfolgreiche Skalierung

Wenn du dein Business skalierst, musst du auch dein Marketing auf ein neues Level heben. Dabei geht es darum, nicht nur die Reichweite zu erhöhen, sondern auch sicherzustellen, dass deine Marketingstrategien mit deinem Wachstum Schritt halten.

Wichtige Marketingstrategien zur Skalierung deines Unternehmens:

Gezielte Werbung: Investiere in bezahlte Werbekampagnen (z. B. Google Ads, Facebook Ads), um deine Zielgruppe genau dort anzusprechen, wo sie sich aufhält. Achte darauf, deine Anzeigen regelmäßig zu überprüfen und anzupassen, um die besten Ergebnisse zu erzielen.

Influencer-Marketing: Wenn du das Budget hast, kann Influencer-Marketing dir helfen, deine Reichweite exponentiell zu steigern. Wähle Influencer, die zu deiner Marke passen und eine authentische Verbindung zu deiner Zielgruppe haben.

Suchmaschinenoptimierung (SEO): Investiere in SEO, um sicherzustellen, dass deine Website in den Suchergebnissen gut platziert ist und potenzielle Kunden dich finden, wenn sie nach relevanten Produkten oder Dienstleistungen suchen.

Referral-Programme: Du kannst auch Empfehlungsprogramme einführen, um deine bestehenden Kunden zu motivieren, dein Business weiterzuempfehlen. Biete ihnen Belohnungen oder Rabatte für erfolgreiche Empfehlungen.

Beispiel:

Stell dir vor, **du verkaufst ein innovatives Software-Tool**, das Unternehmen hilft, ihre Effizienz zu steigern. Wenn du merkst, dass deine organischen Suchanfragen nachlassen, kannst du einen SEO-Experten beauftragen, um deine Website für relevante Keywords zu optimieren. Außerdem könntest du eine Referral-Strategie entwickeln, bei der bestehende Nutzer Freunde oder Kollegen empfehlen und dafür einen Monat kostenlosen Zugang erhalten.

5. Nachhaltiges Wachstum sichern und Risiken minimieren

Skalierung kann riskant sein, wenn sie nicht richtig umgesetzt wird. Es ist entscheidend, dass du den Fokus auf nachhaltiges Wachstum legst, um eine Überlastung deines Unternehmens zu vermeiden.

Wie du Risiken minimierst:

Achte auf die Qualität: Auch wenn du dein Business schnell vergrößern möchtest, solltest du niemals die Qualität deines Produkts oder Services gefährden. Deine Marke basiert auf Vertrauen – und dieses Vertrauen darf nicht verletzt werden.

Flexibilität bewahren: Sei bereit, deinen Skalierungsansatz anzupassen, wenn du feststellst, dass bestimmte Methoden nicht so gut funktionieren wie erwartet. Die Fähigkeit zur Anpassung ist eine der größten Stärken erfolgreicher Unternehmer.
Skaliere langsam und vorsichtig: Statt in großen Sprüngen zu wachsen, skaliere schrittweise, um die Kontrolle zu behalten und Risiken zu minimieren.

Fazit:

Die Skalierung deines Online-Businesses ist der Schlüssel zum langfristigen Erfolg. Mit der richtigen Planung, Automatisierung, Outsourcing und Marketingstrategien kannst du dein Unternehmen effizient und nachhaltig vergrößern. Aber erinnere dich: Erfolg kommt nicht über Nacht. Es erfordert Geduld, Vorbereitung und ständiges Lernen, um den richtigen Zeitpunkt für die Skalierung zu erkennen und die nötigen Ressourcen richtig zu investieren.

Das Ende:
Dein Weg zum erfolgreichen Online-Business

Du hast nun eine umfassende Reise hinter dir. Vom ersten Schritt des Aufbaus bis hin zur Skalierung deines Online-Businesses, hast du viele wichtige Strategien, Werkzeuge und Techniken kennengelernt, die dir helfen werden, deine Ziele zu erreichen und nachhaltig zu wachsen. Doch während all dieser Tipps und Erkenntnisse wertvolle Grundlagen darstellen, gibt es eines, das in diesem gesamten Prozess nie aus den Augen verloren gehen darf: Deine Vision und deine Leidenschaft.

Warum du immer dranbleiben musst

Das Leben als Unternehmer kann herausfordernd sein. Es wird Tage geben, an denen es so scheint, als ob der Erfolg nicht näher rückt, als du es dir erhofft hast. Vielleicht gibt es Rückschläge, Misserfolge oder schwierige Phasen, in denen du das Gefühl hast, dass du nicht weiterkommst. Aber genau in diesen Momenten wird sich deine wahre Stärke zeigen. Der Weg zum Erfolg ist nie geradlinig – er ist geprägt von Herausforderungen, aber auch von den wertvollsten Lektionen.

Wenn du das Gefühl hast, nicht weiterzukommen, erinnere dich an deine ursprüngliche Vision. Denke daran, warum du überhaupt angefangen hast – um nicht nur ein Business aufzubauen, sondern ein Leben zu schaffen, das du liebst. Erinnere dich daran, dass jeder Rückschlag eine Gelegenheit ist, zu lernen und zu wachsen.

Deine Reise ist einzigartig

Jeder Unternehmer geht seinen eigenen Weg. Du wirst Fehler machen, aber du wirst auch aus ihnen lernen. Du wirst Schwierigkeiten begegnen, aber du wirst immer wieder Lösungen finden. Das Wichtigste ist, dass du nie aufgibst. Der Erfolg kommt nicht durch Zufall oder Glück – er kommt durch kontinuierliches Arbeiten, Anpassung und das Vertrauen in die eigene Vision. Du hast nun alle Werkzeuge, die du brauchst, um dein Online-Business erfolgreich zu führen und langfristig zu skalieren. Du weißt, wie du eine starke Marke aufbaust, Kunden gewinnst und bindest, automatisierte Prozesse implementierst und dein Unternehmen nachhaltig vergrößerst. Nutze dieses Wissen und setze es gezielt um, aber lasse dich nicht von den kurzfristigen Herausforderungen entmutigen.

Der nächste Schritt

Es ist Zeit, ins Handeln zu kommen. Setze die Strategien um, die du gelernt hast. Beginne mit kleinen, gezielten Schritten und baue darauf auf. Lass dich von Rückschlägen nicht entmutigen, sondern nutze sie als Chance zur Weiterentwicklung. Die Reise ist nicht nur ein Ziel, sondern eine fortwährende Entfaltung deines Potenzials als Unternehmer.

Du bist bereit, dein Online-Business auf das nächste Level zu bringen. Glaube an dich selbst, halte an deinem Traum fest und gehe mit Zuversicht deinen Weg. Die Welt ist voller Möglichkeiten – und du bist derjenige, der sie ergreifen wird.

Viel Erfolg auf deiner Reise zum erfolgreichen Online-Business!

www.ingramcontent.com/pod-product-compliance
Lightning Source LLC
Chambersburg PA
CBHW071106240526
45469CB00006BD/2351